www.herder.de

Gesamtgestaltung: Veronika Preisler, München
Druck: Graspo, Zlín
Gedruckt auf umweltfreundlichem,
chlorfrei gebleichtem Papier
Printed in the Czech Republic

ISBN 978-3-451-71663-8

Julia Knop

PHILOSOPHIE FÜR KINDER

Mit Illustrationen
von Meike Töpperwien

Die großen Fragen des Lebens

HERDER

FREIBURG · BASEL · WIEN

Hallo!

Hast du dich schon einmal gefragt: Warum gibt es die Welt überhaupt? Warum ist etwas schön? Woher kommt das Böse? Was bedeutet es, ein Mensch zu sein? Gibt es auf jede Frage eine Antwort? Und was ist eigentlich ein Gedanke?

Solche Fragen sind eine Spezialität von uns Menschen. Wir staunen und fragen, denken nach und suchen Antworten. Etwas komplizierter gesagt: Wir philosophieren.

INFO: Das Wort „Philosophie" bedeutet: Liebe zur Weisheit. Ein Philosoph ist ein Freund der Weisheit und der großen Fragen. Er möchte herausfinden, was hinter den Dingen steckt. Er fragt: Warum ist etwas so und nicht anders? Wenn du diese Frage spannend findest, bist du selbst ein kleiner Philosoph, und dieses Buch ist genau richtig für dich.

Hier findest du eine Reihe großer Fragen, über die du nachdenken kannst, und unterschiedliche Antworten, die Menschen aus unserer Kultur und Umgebung gefunden haben. Einige davon sind schon sehr alt. Andere stammen aus unserer Zeit. Bei manchen Fragen ist es wichtig, gut nachzudenken. Andere lassen sich lösen, indem man etwas beobachtet oder den Blickwinkel eines gläubigen Menschen einnimmt. Oder man kombiniert verschiedene Lösungen. Probiere es selbst einmal aus! Aber Vorsicht! Mit großen Fragen ist es so eine Sache: Je mehr man über sie nachdenkt, umso größer werden sie ...

Viel Spaß beim Philosophieren wünscht dir

Julia Knop

Inhalt

häää ?
achso...
yeah!

WIE STELLT MAN DIE RICHTIGEN FRAGEN?

Zunächst müssen wir uns mit den Fragen selbst beschäftigen: Denn wie stellt man eigentlich die richtigen Fragen? Es gibt zwar keine dummen Fragen, aber es gibt Fragen, mit denen du nicht weiterkommst. Wenn du etwas verstehen willst, solltest du zunächst überlegen:

- Welche Frage hilft mir weiter?
- Und welcher Lösungsweg passt dazu?

Hier ein paar Beispiele: Wenn du wissen willst, wie schnell ein Auto fährt, hilft dir kein Foto, sondern dann musst du rechnen. Wenn du eine Geschichte verstehen möchtest, musst du das Buch lesen, anstatt es unter ein Mikroskop zu legen. Wenn du jemanden kennenlernen willst, solltest du kein Lexikon benutzen, sondern mit demjenigen sprechen und gemeinsam etwas unternehmen.

Warum gibt es so viele Wissenschaftler?

... aus dem gleichen Grund, aus dem es in der Schule verschiedene Lehrer und Fächer gibt. Zwar ist es gut, ein bisschen von allem zu wissen (deshalb hat man in der Schule verschiedene Fächer), aber einer allein kann nicht alles wissen. Menschen spezialisieren sich, zum Beispiel auf Mathe, wenn sie darin besonders begabt sind, oder auf Sprachen, wenn sie gut Englisch oder Französisch sprechen. Es gibt so viele verschiedene Fächer und Forscher, weil die Welt so kompliziert ist. Und weil man eine Sache nicht richtig versteht, wenn man sie nicht von verschiedenen Blickwinkeln anschaut.

Info: Wissenschaftler arbeiten meist an einer Universität. Das ist eine Schule nach der Schule, daher nennt man sie auch „Hochschule". Um sich in einem Fach zu spezialisieren oder Forscher zu werden, studiert man dort. Die Lehrer an einer Hochschule sind in einem bestimmten Fach Spezialisten. Die Fächer an der Universität heißen „Fakultäten". Das Wort kommt aus dem Lateinischen und bedeutet: Möglichkeit oder Fähigkeit. Man könnte auch sagen: Blickwinkel, Forschungsrichtung, Art und Weise, die Welt zu erforschen. „Universität" bedeutet: Gesamtheit. Gemeint ist: Gesamtheit der Fakultäten, also aller Forschungsrichtungen und Blickwinkel.

Wie kommt man zu Erkenntnissen?

Viele Wissenschaftler forschen in Bereichen, in denen man mit Zahlen oder Fotos oder Rechnungen einen Beweis erbringt, den man nicht widerlegen kann. Das sind zum Beispiel Ergebnisse eines Experiments oder einer Untersuchung. Sie haben gut gearbeitet, wenn andere zum gleichen Ergebnis kommen und sagen: „Ja, das stimmt."

Andere Wissenschaftler forschen nicht mit Zahlen, Tabellen oder Experimenten. Diese Wissenschaftler beschäftigen sich mit Gedanken. Sie untersuchen, wie unterschiedlich die Menschen die Welt wahrnehmen. Sie sehen, dass jemand, der vor 1500 Jahren gelebt hat, anders denkt als wir heute. Dazu brauchen sie kein Labor, sondern Bücher und einen Schreibtisch. Man nennt sie Geisteswissenschaftler. Sie denken teils über dieselben Dinge nach wie die Faktenforscher. Aber sie stellen andere Fragen. Ihre wichtigste Frage ist nicht: „Stimmt das?", sondern: „Was bedeutet das?"

Ein Schriftsteller schreibt: „Wir haben in Windeseile das Gebirge überwunden", dann erfahren wir aber, dass die Reise mehrere Wochen dauerte und sehr gefährlich war. Jemand, der nach Beweisen sucht, würde sagen: „Der Erzähler hat gelogen. Mehrere Wochen sind keine Windeseile." Der Gedankenforscher fragt anders: Warum hat der Schriftsteller das geschrieben? Was bedeutet das? War er stolz auf die Wanderer und wollte zeigen, dass sie sich von den Gefahren des Gebirges nicht abschrecken ließen? Oder war er nach der gelungenen Rückkehr so erleichtert, dass ihm die gefährliche Bergwanderung vorkam wie ein kurzer Spaziergang?

WER BIN ICH?

Ich bin ich

Ganz kleine Kinder benutzen noch nicht das Wort „Ich". Sie benutzen ihren Vornamen. Sie sagen „Tom will spielen" statt „Ich will spielen". Erst wenn sie älter sind, fangen sie an, „ich" zu sagen und den großen Bruder mit „du" anzusprechen. Sie merken, dass sie selbst ein „Ich" sind und andere Menschen auch. Das nennt man „Ich-Bewusstsein" oder „Selbst-Bewusstsein". Selbstbewusst ist man also nicht nur, wenn man besonders mutig ist, sondern schon, sobald man „ich" sagt und spürt: „Ich bin ich – und niemand anders."

Ein verrückter Gedanke:

Was wäre, wenn es dich gar nicht geben würde? Versuch einmal, dir vorzustellen, wie die Welt ohne dich aussehen würde! So etwas kann man eigentlich gar nicht denken: „Ich stelle mir vor, dass es mich nicht gibt." Bloß, wer denkt das dann? Unser Gehirn muss dazu einen Kopfstand und einen dreifachen Salto machen. Wie sehr es sich auch verrenkt – immer wieder taucht dieses „Ich" in unseren Gedanken auf.

ICH DENKE, ALSO BIN ICH

Vor über 350 Jahren wollte ein berühmter Forscher, René Descartes, wissen, ob wir unseren eigenen Gedanken vertrauen können: ob das, was wir sehen, echt ist oder bloß ein Traum, in dem nur Blödsinn vorkommt. Dazu hat er sich vorgestellt, dass alles Betrug ist, was er denkt und fühlt; dass es nicht in echt passiert und dass nichts stimmt. Er hat zwei Dinge herausgefunden: Sogar dann, wenn alles um uns herum nicht echt sein sollte, wenn alles nur ein Traum wäre, sogar dann wären wir selbst die Träumer. Unser Ich lässt sich nicht wegträumen. Daraus folgerte er: Wenn das so ist, dann sind wir selbst echt und keine Figur in einem gigantischen Traum, die es in Wirklichkeit gar nicht gibt.

Wer denkt in meinem Kopf?

Unser Gehirn ist ein tolles Organ. Es ermöglicht uns, ein Leben lang die tollsten Dinge zu lernen. Es hilft, dass wir uns an neue und unbekannte Situationen anpassen. Natürlich nicht von einem Moment auf den anderen, aber wir können uns schnell umgewöhnen und neue Sprachen lernen oder ganz unterschiedliche Dinge tun: Einrad fahren, lesen, basteln, Klavier spielen, einen Kopfstand machen und noch viel mehr.

Vieles von dem, was im Gehirn passiert, ist den Forschern noch nicht bekannt. Anderes verstehen sie schon ziemlich gut. Sie wissen zum Beispiel, welcher Teil des Gehirns bei einer bestimmten Bewegung arbeitet. Sie können messen, was im Gehirn passiert, wenn wir den Arm heben. Kurz bevor wir uns dazu entschließen, gibt es einen kleinen Impuls. Das ist eine Art Schubs im Gehirn, der dem Arm das Signal „Hoch!“ gibt.

Manche folgern daraus, dass wir gar nicht selbst denken, sondern eine Art Marionette unseres Gehirns sind; dass wir uns unsere Freiheit nur einbilden und dass auch unser Ich bloß ein Traum ist. Sie meinen: Eigentlich gibt es nur Organe, die sich an die Umgebung anpassen. Der Mensch wäre demnach nur ein besonders geschicktes Tier. Andere gehen nicht so weit. Sie sagen: Alles, was wir tun, tun wir mit unserem Körper. Fast immer ist das Gehirn auch beteiligt. Wir können nicht ohne Gehirn denken. Aber sind wir deshalb unfrei? Sind wir deshalb eine Marionette unseres Gehirns?

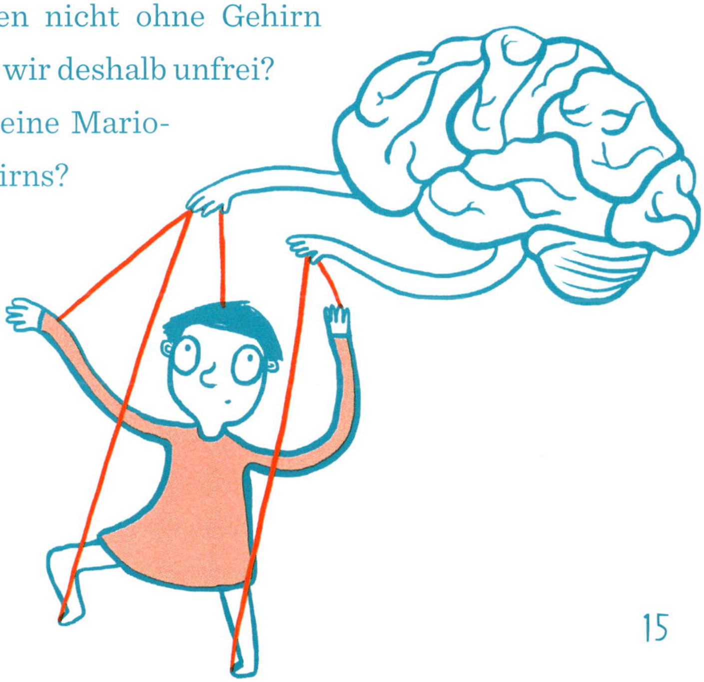

Beispiel: Wenn ein Junge in Japan geboren wird und in Ägypten zur Schule geht, in Brasilien studiert, eine Amerikanerin heiratet und dann als Astronaut mit einem russischen Raumschiff ins All fliegt, ist das zwar eine ungewöhnlich schwierige Aufgabe für sein Gehirn, doch er kann sich auf die vielen neuen Dinge einstellen. Sein Gehirn hilft ihm dabei.

Wer war die Oma, als sie noch ein Mädchen war?

Alles, was wir tun, hat eine körperliche Seite, sogar unsere Gedanken. Zugleich sagen uns die Forscher, dass uns nicht nur ab und zu ein paar Haare ausfallen, sondern dass sich alle unsere Körperzellen erneuern. Stell dir vor, der Mensch wäre aus Bausteinen zusammengesetzt. Ab und zu gehen einige Steine kaputt und müssen ersetzt werden. Nach einigen Jahren wäre kein einziger alter Stein mehr da; alles wurde ausgewechselt. So gesehen hatte die Oma als kleines Mädchen einen ganz anderen Körper als heute. Aber ist sie auch jemand ganz anderes geworden? Sie selbst findet das nicht. Wenn sie von früher erzählt, während ihr gemeinsam alte Fotos anschaut, sagt sie: „Das bin ich an meinem ersten Schultag." Sie ist davon überzeugt, dass sie dieselbe geblieben ist, auch wenn sie nun ganz anders aussieht: Ihre Haare sind nun grau und ihre Haut ist faltig.

Wenn unser Ich nicht dasselbe bliebe, könnten wir nichts versprechen. Unsere Freunde könnten sich nicht auf uns verlassen. Wir wären heute jemand anderes als gestern, als wir versprochen haben, zum Spielen zu kommen.

Was meinst du: Sind wir als Kind jemand anderes als später, wenn wir erwachsen sind? Wir machen schöne und traurige Erfahrungen und lernen viele neue Dinge. Wechselt dadurch unser Ich? Dann wären wir uns in unserer eigenen Erinnerung fremd.

Bei einem anderen Ich würden Erinnerungen so aussehen: „Das ist Felix Nr. 1 als Baby mit seinen Eltern." Ein paar Jahre später hätte nicht Felix Nr. 1 seinen ersten Schultag, sondern Felix Nr. 2. Aber die Urlaubsbilder zeigten nicht Felix Nr. 3, sondern Felix Nr. 4. Ein paar Jahre später tritt dann Felix Nr. 12 auf. Aber der hätte mit Felix Nr. 3 gar nichts zu tun. Ganz schön kompliziert!

WAS IST DER MENSCH?

Der Unterschied von Mensch und Tier

Der Unterschied zwischen einem Menschen und einem Schaf ist ziemlich groß: Das Schaf steht auf vier Beinen, der Mensch auf zweien. Das Schaf hat ein dichtes Fell aus Wolle, der Mensch braucht eine Hose und einen Pullover, um nicht zu frieren. Menschen können sich freuen und traurig sein. Ob Schafe sich freuen, wissen wir nicht genau. Die meisten Schafe wohnen in einem Stall oder stehen auf einer Wiese. Sie sind zufrieden, wenn sie Gras fressen können. Die Menschen sind nicht so einfach zufrieden und leben sehr unterschiedlich. Sie arbeiten als Tierpfleger, Elektriker, Arzt oder Dachdecker. Kleine Menschen gehen in den Kindergarten, etwas größere in die Schule. Wenn die Menschen alt geworden sind, werden sie Rentner und können schon am Vormittag in der Sonne sitzen oder spazieren gehen.

Wenn man jedoch genauer hinschaut, wird der Unterschied kleiner: Mensch und Schaf haben Muskeln und Knochen, ein Herz, eine Lunge, einen Magen und ein Gehirn. Diese Organe sind bei beiden ähnlich aufgebaut und funktionieren ähnlich. Manche Forscher sagen deshalb, dass der Mensch eigentlich nichts Besonderes sei, sondern ein intelligentes Tier: eine Art kluger Affe, der kein Fell hat. Ein ziemlich kluger Affe allerdings!

DIE ENTWICKLUNG DER MENSCHHEIT

Tatsächlich sind wir Menschen mit den heutigen Menschenaffen, den Gorillas und Schimpansen, verwandt. Wir haben gemeinsame Vorfahren. Vor unvorstellbar langer Zeit, ungefähr vor 6 Millionen (6 000 000!) Jahren, entwickelten sich unsere Vorfahren und die Vorfahren der Menschenaffen dann in unterschiedliche Richtungen. Das war eine ziemlich komplizierte Geschichte, die mehrere Millionen Jahre dauerte. Sie mussten sich immer wieder an neue Umgebungen und neue Nahrung gewöhnen. Nach und nach gingen viele unserer Vorfahren auf zwei Beinen. Ihr Gehirn wuchs und funktionierte schneller und besser. Sie lernten, Werkzeuge zu bauen und Gefahren einzuschätzen. Sie lernten überhaupt sehr schnell, sie waren neugierig und geschickt. Sie legten Vorräte an. Sie bemalten ihre Höhlenwände und schnitzten Figuren. Sie fingen an zu sprechen und verstanden, was Zeit ist: Sie erinnerten sich an früher und planten für die Zukunft. Sie fürchteten sich vor dem Tod, von dem ihre Verwandten bei den Affen keine Ahnung hatten.

Von Namen und Bildern

Gläubige Menschen sind davon überzeugt, dass jeder Mensch eine besondere Würde hat, die ihm Gott geschenkt hat. Ganz am Anfang der Bibel der Juden und Christen gibt es eine Erzählung, in der der Mensch „Ebenbild Gottes“ genannt wird (Gen 1,26–31). Das ist eine besondere Auszeichnung, aber auch eine große Verantwortung: Der Mensch soll auf seine Mitmenschen achtgeben und für die Tiere und Pflanzen sorgen. An einer anderen Stelle der Bibel heißt es:

„Ich habe dich beim Namen gerufen.
Ich bin dein Gott. Du bist in meinen
Augen wertvoll.
Fürchte dich nicht, denn ich bin mit dir.“

Aus der Bibel, Buch des Propheten Jesaja 43,1–5

Komische Fragen

Weiß das Eichhörnchen, dass es ein Eichhörnchen ist? Was würde ein Pferd antworten, wenn man es fragte: „Du, Pferd, sag mal: Wie fühlt es sich an, ein Pferd zu sein?“ Man müsste natürlich erst die Pferdesprache lernen, um seine Antwort zu verstehen. Aber würde es überhaupt etwas antworten? Oder kräftig schnauben und mit einem Wiehern in der Stimme sagen: „So eine komische Frage kann auch nur einem Menschen einfallen!“ – und dann verwundert mit den Ohren wackeln und wieder auf die Suche nach leckeren Gräsern und Kräutern gehen?

Das ist vielleicht der wichtigste Unterschied zwischen einem Menschen und einem Tier: Menschen stellen seltsame Fragen. Zum Beispiel die Frage, wie es sich anfühlt, ein Junge oder ein Mädchen oder ein Schaf oder ein Kaninchen zu sein. Manche Forscher vergessen über solch schwierigen Fragen zu essen und zu schlafen. Das würde einem Schaf nicht passieren.

Einmal Mensch – immer Mensch

Muss man nachdenken, um Mensch zu sein? Bleibt der Mensch ein Mensch, egal, was er tut? Auch wenn er gerade nicht nachdenkt, weil er schläft oder in Ohnmacht gefallen ist? Oder wenn er unmenschlich grausam ist? Wann beginnt der Mensch, ein Mensch zu sein? Wenn er geboren wird oder schon im Bauch der Mutter? Darüber wird in der Politik viel gestritten. Eine Antwort ist zum Beispiel: Mensch ist man dann, wenn der Vater und die Mutter Menschen sind. Diese Antwort ist ziemlich einfach. Gut an ihr ist, dass sie ohne Wenn und Aber gilt: Es kommt nicht darauf an, ob jemand klein ist oder groß, klug oder dumm, krank oder gesund. Man ist Mensch von Anfang an. Einfach deswegen, weil man ein Menschenkind ist.

Info: Ein berühmter Gelehrter, Erasmus von Rotterdam, hat vor ungefähr 450 Jahren gesagt: Ohne Tugend und Bildung hört der Mensch auf, Mensch zu sein. Damit meinte er: Zum Menschen gehört das Lernen und das Nachdenken – ein Leben lang, nicht nur in der Schule. Wir können überlegen, ob das, was wir tun, richtig ist. Wir können Verantwortung übernehmen. Wir können sogar darüber nachdenken, dass wir nachdenken. Das tust du übrigens gerade. Ob das ein Affe in ein paar Tausend Jahren auch schafft?

SIND FRAUEN ANDERS ALS MÄNNER?

Was ist das Besondere an einem Jungen? Was macht ein Mädchen zum Mädchen? Jungen spielen Fußball. Mädchen malen gern. Männer reparieren Autos, können aber nicht kochen. Frauen sind gute Lehrerinnen, können aber nicht mit Computern umgehen. So denken viele. Ganz so einfach ist es zum Glück nicht: Mädchen gehen in Fußballvereine, und auch Jungen sind künstlerisch begabt. Viele Männer kochen sehr gut, und viele Frauen entwickeln Computerprogramme. Es gibt bei uns keinen Beruf, den nur ein Mann oder nur eine Frau ausüben könnte. Ein Chef bekommt sogar Schwierigkeiten mit dem Gesetz, wenn er einen bestimmten Job auf keinen Fall einer Frau geben will. Denn ob man eine Arbeitsstelle bekommt oder nicht, darf nicht vom Geschlecht abhängen. Im gleichen Beruf verdienen aber die Männer oft mehr Geld. Ist das gerecht?

Sind alle Menschen gleich?

Das kommt auf den Blickwinkel an. Männer und Frauen haben als Menschen die gleiche Würde, die gleichen Rechte und die gleiche Verantwortung. In diesem Punkt sind alle Menschen gleich.

> **Alle Menschen** sind vor dem Gesetz gleich.
> Männer und Frauen sind gleichberechtigt.
> Niemand darf wegen seines Geschlechtes [...]
> benachteiligt oder bevorzugt werden.
>
> *Artikel 3 des Grundgesetzes der Bundesrepublik Deutschland*

In anderen Punkten unterscheiden sich die Menschen: Einer ist groß, der andere klein. Es gibt blonde und braunhaarige, dicke und dünne, nette und unfreundliche Menschen. Kein Junge ist genauso wie ein anderer Junge. Auch nicht genauso wie ein anderes Mädchen. Jeder Mensch ist etwas Besonderes. Keinen Menschen gibt es zweimal. Sogar Zwillinge sind verschiedene Personen. Sie tragen ja auch unterschiedliche Namen.

Manche Unterschiede zwischen den Menschen hängen damit zusammen, ob man ein Mädchen oder ein Junge ist. Ein Junge kann nie Mutter werden. Ein Mädchen kann kein Vater werden. Manchmal kommt es vor, dass Frauen sich über ihre Männer unterhalten und sagen: „Er versteht einfach nicht, wie ich das meine. Typisch Mann.“ Oder dass Jungen die Augen verdrehen und sagen: „Oh Mann! So kann auch nur ein Mädchen reagieren.“ Normalerweise kann man dem anderen aber doch ganz gut erklären, was man meint. Schließlich leben Mädchen und Jungen ja nicht in zwei verschiedenen Welten.

LÄNDER UND GEWOHNHEITEN

Manche Unterschiede zwischen Mädchen und Jungen hängen damit zusammen, wo sie aufwachsen. Es gibt auf der Welt ganz unterschiedliche Vorstellungen, wie Frauen und Männer leben sollen, und auch verschiedene Ansichten darüber, ob Mädchen und Jungen sich selbst aussuchen dürfen, wie sie leben wollen. Russische Mädchen werden anders erzogen als deutsche Mädchen. Ein chinesischer Junge denkt anders als ein Junge, der in Spanien aufgewachsen ist. Frauen in England leben anders als Frauen in Syrien. Amerikanische Männer denken anders als Männer in Äthiopien. In manchen Ländern haben Frauen sogar weniger Rechte: Mädchen dürfen nicht so viel lernen wie Jungen. Oder es gibt genaue Vorstellungen, wie Frauen sich anziehen müssen. Frauen dürfen einige Berufe nicht ausüben, keinen Führerschein machen und nicht vor Gericht gehen.

Wie fühlt es sich an?

Manche meinen: Die Unterschiede zwischen Mädchen und Jungen hängen nicht so sehr vom Körper ab – also davon, ob man als Mädchen oder Junge auf die Welt kommt –, sondern vor allem davon, wie man erzogen wird und in welcher Kultur man aufwächst. Natürlich haben wir alle, ob Mädchen oder Junge, die gleichen Rechte und Tausende Möglichkeiten im Leben. Wir können alles lernen und uns die Haare färben und in ein fremdes Land auswandern. Niemand darf uns vorschreiben, wie wir leben möchten.

Aber ob wir als Mädchen oder als Junge geboren werden, können wir uns nicht aussuchen. Deshalb kann man nicht so tun, als sei der Körper egal. Wer in einem Mädchenkörper steckt, fühlt sich anders als jemand in einem Jungenkörper. Auch dann, wenn beide am gleichen Ort aufwachsen, gleich erzogen werden und dieselben Dinge tun. Es gibt auch Menschen ohne Geschlecht, oder Menschen die sich im falschen Körper fühlen.

Kannst du dir vorstellen, wie es sich anfühlt, ein Junge bzw. ein Mädchen zu sein? Nicht nur das Gleiche zu machen, sondern so wirklich zu leben?

DIE LIEBE

Verliebt

Ein Mann schläft nicht gut. Er hat keinen Appetit mehr, nicht einmal auf sein Lieblingsessen. Sein Bauch kribbelt, ein bisschen wie vor einer Klassenarbeit. Ab und zu tut sein Herz weh. Er hat weiche Knie, ist nervös und ungeduldig. Er vergisst wichtige Termine. Was ihm bisher wichtig war, verliert an Bedeutung. Ab und zu lebt er wie in einem Rausch. Dann werden in seinem Körper Stoffe gebildet, die ungefähr so wirken wie Drogen. In diesen Momenten fühlt er sich wie der König der Welt. Sein Blutdruck verändert sich. Sein Herz rast. Ob der Mann zum Arzt gehen sollte? Nein, er ist doch nicht krank! Er ist verliebt!

Wenn man sich in einen anderen Menschen verliebt, spürt man, dass dieser andere etwas ganz Besonderes ist. Man fühlt sich verzaubert vom anderen. Egal ob zwischen Mann und Frau oder gleichgeschlechtlich. Es ist wunderschön, zusammen zu sein. Menschen, die verliebt sind, haben das Gefühl, dass das Leben ohne den anderen nur noch halb so schön ist. Sie spüren: Die Liebe ist das Größte und Stärkste, was es geben kann. Sie ist ungeheuer wertvoll. Aber man kann sie nicht kaufen, auch nicht für alles Geld der Welt. Sie verbindet zwei Menschen – oft sogar über ihren Tod hinaus.

Verheiratet

Wenn zwei Menschen heiraten, geben sie sich ein Versprechen. Der Mann sagt zur Frau: „Ich nehme dich an als meine Frau. Ich verspreche dir die Treue in guten und in bösen Tagen, in Gesundheit und Krankheit. Ich will dich lieben, achten und ehren, solange ich lebe." Danach gibt die Frau dem Mann dasselbe Versprechen. Was ist damit gemeint? Sie versprechen einander nicht, immer verliebt zu sein. Das wäre auch ziemlich dumm. Gefühle lassen sich nicht herbeizwingen. Man sollte sich natürlich Mühe geben, den Zauber der Liebe wachzuhalten, den Verliebte spüren: den Zauber, der hilft, einander nahezukommen und sich kennenzulernen. Aber das gemeinsame Leben von zwei

Menschen, die heiraten, wird sicher nicht immer zauberhaft sein. Wenn sie heiraten, versprechen sie einander, auf den Zauber des Anfangs zu vertrauen: also darauf zu vertrauen, dass derjenige, in den sie sich verliebt haben, der Richtige ist. Sie sagen einander: „Du sollst der wichtigste Mensch für mich bleiben. Ich will bei dir zu Hause sein und mit dir alt werden. Ich will gut darauf achten, dass unsere Liebe nicht verloren geht. Ich bleibe bei dir – auch wenn wir uns streiten oder wenn wir Probleme haben. Du kannst dich immer auf mich verlassen." Denn Liebe ist mehr als das Gefühl, verliebt zu sein.

Info: Vogelmännchen singen, um ein Vogelweibchen anzulocken. Ob Buntfink, Amsel oder Nachtigall – sie alle wollen durch ihren Gesang eine Partnerin finden. Aber nicht nur Vögel, auch Wale, Frösche, Grillen und sogar Mäuse singen, wenn sie auf Brautschau gehen. Mäusemännchen singen ihre Liebeslieder in einem Tonbereich, den wir Menschen nicht hören können. Die Lieder der Finnwale sind dafür so laut wie ein Düsenjäger. Das Weibchen kann sie sogar noch aus 1000 Kilometern Entfernung hören. Bei manchen Tierarten bleibt ein Paar ein Leben lang zusammen, ganz ohne Treueschwur: Höckerschwäne, einige Fuchsarten und Krokodile zum Beispiel.

WOHER KOMMT DIE WELT?

Der Anfang von allem

Eine der schwierigsten Fragen ist: Woher kommt unsere Welt? Wann und wie ist alles entstanden? Heute sagen die Wissenschaftler, dass am Anfang von allem ein großer Knall stand: der Urknall. Mit diesem Urknall ist vor etwa 14 Milliarden Jahren das Universum entstanden, also alles, was da ist. Was davor war, kann man nicht so genau sagen. Aber vermutlich war ganz am Anfang einfach nur ein winzig kleiner Klumpen, der bei ungeheurer Hitze zusammengepresst wurde. Plötzlich fliegt alles auseinander und kühlt dabei ab. Es entstehen winzig kleine Teilchen, die sich nach und nach miteinander verbinden. Bis hierhin passiert alles rasend schnell. Das Universum ist einen winzigen Moment nach dem Urknall bereits so groß wie ein Apfel. Nun geht es langsamer weiter. Das Universum dehnt sich wie ein Luftballon aus und kühlt weiter ab. Es entstehen immer größere Klumpen: die ersten Sterne und noch später die ersten Planeten. Seit ungefähr 4,5 Milliarden Jahren ist die Sonne da, die von Planeten umkreist wird. Einer dieser Planeten ist unsere Erde. Und die hat auch nicht immer so ausgesehen, wie wir sie kennen. Erst nach und nach hat sich Leben auf der Erde angesiedelt, Pflanzen, Tiere – und ziemlich spät dann auch die Menschen.

DER SONNENUNTERGANG

Alles in unserem Universum ist in Bewegung. Die Planeten bewegen sich in großen Kreisen um die Sonne. Gleichzeitig drehen sie sich alle auch um sich selbst. Das macht die Sonne übrigens auch. Unsere Erde braucht genau ein Jahr, um die Sonne zu umrunden. Dabei wird einmal die obere Hälfte der Erde mehr von der Sonne beschienen und einmal die untere. So entstehen die Jahreszeiten. Und jeden Tag können wir uns davon überzeugen, dass sich die Erde auch um sich selbst dreht. Wenn die Sonne vor unserem Fenster aufgeht, ist es nämlich in Wirklichkeit die Erde, die sich zur Sonne hindreht. Abends dreht sie sich wieder von der Sonne weg, und die Sonne verschwindet hinter dem Horizont. So entstehen Tag und Nacht – und wunderschöne Sonnenuntergänge.

Wer wollte, dass die Welt entsteht?

Nicht nur die Wissenschaftler, auch die Religionen machen sich Gedanken über den Anfang von allem. Dies geschieht nicht durch Theorien, Rechnungen und Formeln, sondern durch Erzählungen. Solche Erzählungen nennt man „Schöpfungsmythen“. Sie sprechen nicht über Hitze und Energie oder über die Entwicklung des Kosmos. Sie antworten auf eine andere Frage als die Urknalltheorie. Urknallforscher fragen: „Wie ist die Welt entstanden? Wie ist die Entwicklung des Universums abgelaufen?“ Die Erzählungen der Religionen fragen: „Warum ist die Welt entstanden? Wer wollte, dass sie da ist?“ Sie nennen die Welt nicht nur „Welt“, sondern „Schöpfung“. In diesem Wort steckt bereits die Antwort der Religionen auf die Frage, warum es die Welt gibt. Denn „Schöpfung“ bedeutet: „Das, was geschaffen wurde, was sich nicht selbst erfunden hat.“ In den Erzählungen der Religionen heißt die Welt Schöpfung, weil ausgedrückt werden soll, dass jemand sie geschaffen hat. Dieser Jemand ist der Schöpfer, also Gott. Die Erzählungen der Religionen sagen also:

„Die Welt ist entstanden,
weil Gott sie gewollt hat.“

Wenn Gott etwas schafft braucht er kein Material wie wir Menschen, wenn wir etwas bauen oder basteln. Ein einziges Wort von ihm reicht, damit etwas entsteht: „Herr, du bist groß und wunderbar. Du hast gesprochen, und alles entstand."

Aus der Bibel, Buch Judith 16,13 f.

„Im Anfang war das Wort
und das Wort war bei Gott,
und das Wort war Gott.
Alles ist durch das Wort geworden."

Aus der Bibel, Johannesevangelium 1,1.3

„Wenn Gott eine Sache beschließt,
so sagt er nur zu ihr:
‚Sei!', und sie ist."

Aus dem Koran, Sure 2,118

Was ist die Welt?

Von Ibn ’Arabi, einem muslimischen Gelehrten, ist eine Erzählung über die Schöpfung überliefert. In der heiligen Schrift der Muslime heißt es: Gott, dem Schöpfer, gehören die schönsten Namen (Koran, Sure 59,25). Ibn ’Arabi erzählt: Diese Namen Gottes wollten erkannt und geliebt werden. Gott sprach: „Ich war ein Schatz und wollte erkannt werden.“ Gottes Namen brachen wie ein Atem aus ihm hervor. Die Geschöpfe sind für Ibn ’Arabi wie Glasstückchen, in denen sich diese Namen spiegeln. Es zeigt sich dann ein Bild, wenn jemand hineinschaut und das Glasstückchen richtig ausgerichtet wird. Sonst sieht man nichts. Das bedeutete für ihn: Wenn sich die Welt Gott nicht zuwendet, ist sie wie eine Glasscherbe im Dunkeln: ohne Farbe, ohne Licht, ohne Bild. Eigentlich ist sie nichts. Gott ist es, der ihr Leben und Licht und Farbe gibt.

WAS IST LEBEN?

Lebt ein Baum?

Forscher, die sich mit dem Leben beschäftigen, heißen Biologen. Ihr Fach ist die Biologie. Aber was ist alles lebendig? Lebt ein Stein? Kann ein Baum sterben? Was ist mit einem Auto? Lebt ein Haus? Die Biologen sagen: Ein Lebewesen wird geboren, es wächst und verändert sich, bekommt Nachwuchs, wird alt und stirbt. Etwas ist lebendig, wenn es Stoffe von außen aufnimmt und daraus Energie gewinnt. Wer Hunger hat, einen Apfel isst und dadurch wieder Kraft bekommt, ist also bestimmt ein Lebewesen. Die Biologen sagen auch: Etwas lebt, wenn es mit seiner Umwelt in Kontakt tritt. Eine Sonnenblume zum Beispiel dreht ihre Blüte immer zur Sonne. Sie spricht zwar nicht mit der Sonne, aber sie lässt sich von ihr beeinflussen und reagiert auf sie. Lebewesen der gleichen Art verändern sich im Laufe der Geschichte. Das kann man bei Hunden und Katzen und ihren Verwandten, den Wölfen und den Tigern, gut sehen.

Was einen Baum von einem Auto unterscheidet

Die meisten Merkmale für etwas Lebendiges treffen bei einem Auto nicht zu. Es kann nicht für sich selbst sorgen. Ein Auto bekommt keine Kinder. Zwar verändern sich die Modelle einer Automarke von Jahr zu Jahr, aber nur, weil Ingenieure sich diese Veränderungen ausdenken. Das Auto entwickelt sich nicht von selbst. Es stirbt nicht, sondern geht kaputt. Es lebt nicht, sondern es funktioniert.

Bei einem Baum ist das anders: Er hat durch seine Wurzeln und Blätter Kontakt mit der Erde und der Luft. Er sorgt für sich selbst: Seine Wurzeln nehmen Wasser und Nährstoffe aus dem Boden auf. Er wächst und verändert sich, je nachdem, wie alt er ist und ob gerade Frühling oder Herbst ist. Ein Baum bekommt zwar keine Kinder, aber er trägt Früchte. Und wenn sein Samen zu Boden fällt, entsteht ein neuer Baum. Ein Baum ist also eindeutig lebendig, auch wenn seine Art zu leben anders ist als die von uns Menschen.

Wie ist es mit einem Haus? Ist eine Wolke ein Lebewesen? Schau dich in deiner Umgebung um: Was ist alles lebendig? Wie viele Lebewesen gibt es bei euch zu Hause?

Die Seele

Info: Der Philosoph Aristoteles hat vor über 2300 Jahren ein Buch geschrieben. Es heißt „Über die Seele". Aristoteles schreibt darin: „Die Seele ist das, was einen Körper lebendig macht." Leben ist aber sehr unterschiedlich, je nachdem, um welches Lebewesen es geht. Bei einer Pflanze bedeutet Leben, dass sie wächst und Licht und Wasser aufnehmen kann, dass sie Früchte trägt oder Ableger bekommt.

Aristoteles meinte: Dafür sorgt die Pflanzenseele. Tiere können darüber hinaus etwas wahrnehmen. Bei ihnen belebt die Seele auch die Sinne: Sie können sehen und riechen oder wenigstens tasten oder fühlen. Sie spüren, wenn ihnen etwas fehlt: Sie haben Hunger und Durst. Die meisten Tiere können sich bewegen: Sie laufen, klettern, schwimmen oder fliegen. Der Mensch hat alle diese Möglichkeiten: Er isst und trinkt, er bekommt Kinder und kann sich bewegen. Er hat Gefühle. Außerdem kann er denken: Seine Seele lässt ihn nicht nur wachsen und essen und laufen, sie belebt auch seinen Verstand.

Für einen Menschen, der an Gott glaubt, ist die Seele nicht nur das, was einen Körper lebendig macht. Für ihn ist die Seele ein Geschenk Gottes. Sie ist das, was ihn einzigartig macht und mit Gott verbindet. Das gilt auch über den Tod des Körpers hinaus. Denn was von

Gott kommt, kann nicht sterben. Gläubige Menschen sind deshalb davon überzeugt, dass ihre Seele nach dem Tod des Körpers weiterlebt.

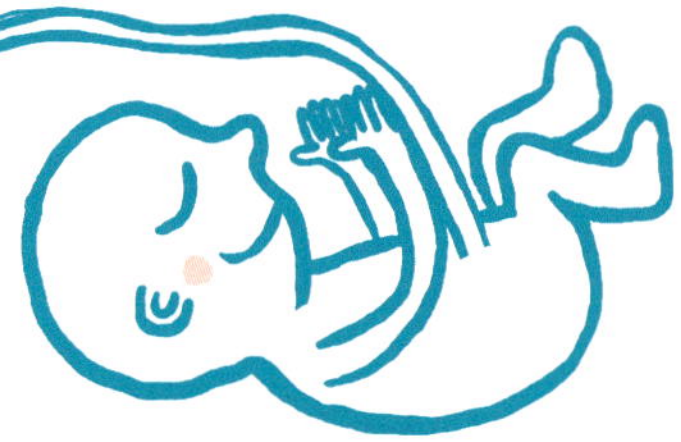

Wann beginnt das Leben?

Das Leben auf der Erde begann vor dreieinhalb bis vier Milliarden Jahren. Wie das Universum hat auch das Leben zuerst ganz winzig klein angefangen und sich dann immer weiterentwickelt. Deshalb besteht alles, was lebt, aus den gleichen Bausteinen, von den Bakterien bis zu den Elefanten. Wäre die Entwicklung des Universums auch nur ein klitzekleines bisschen anders verlaufen, wäre zum Beispiel kein Wasser entstanden. Und ohne Wasser kein Leben.

Und beim Menschen? Wann beginnt man, lebendig zu sein? Lebt ein Baby ab seiner Geburt oder schon vorher im Bauch seiner Mutter? Man könnte sagen: Das Leben eines Kindes beginnt, wenn alle Erbinformationen gegeben sind, damit genau dieses Kind sich entwickeln kann. Dann also, wenn die Samenzelle des Vaters und die Eizelle der Mutter zusammengekommen sind. Die Mischung, die damit entsteht, ist einzigartig. Sie prägt das Besondere des neuen Menschen. Schon in diesem frühen Stadium seines Lebens ist der Mensch unverwechselbar.

WARUM MÜSSEN WIR STERBEN?

Alle Menschen sterben

Unsere Körperzellen erneuern sich ständig: Sie wachsen und sterben ab, und dafür wachsen neue Zellen nach. Das ist normal und gehört bei einem gesunden Körper dazu. Ohne diese Abläufe würden wir nicht größer werden, uns nicht verändern und nicht älter werden. Mit der Zeit werden diese Abläufe langsamer. Manches, was ausgebessert werden müsste, bleibt liegen. Unsere Zellen und Organe scheinen so etwas wie eine innere Uhr zu haben. Unser Körper ist nicht dafür gemacht, ewig zu leben, irgendwann geht ihm die Kraft aus und wir sterben.

Oft ist auch eine Krankheit der Grund, warum jemand stirbt. Vor allem in den armen Ländern der Erde sterben viele Menschen an gefährlichen Krankheiten. Es fehlen Ärzte und Medikamente. Manche Menschen wissen nicht, wie sie sich verhalten müssen, wenn eine Krankheit droht. Oft ist zum Beispiel mangelnde Hygiene der Grund dafür, dass Krankheiten sich ausbreiten können. Sehr viele Menschen sterben auch an Hunger. In den reichen Ländern sterben die meisten, weil ihr Herz krank wird oder ihr Kreislauf zusammenbricht, viele sterben auch an Krebs.

Info: Der älteste Mensch der Welt, von dem wir wissen, hieß Jeanne Louise Calment. Sie wurde am 21. Februar 1875 in Frankreich geboren und lebte genau 122 Jahre, 5 Monate und 4 Tage. Insgesamt sind das 44 725 Tage. Doch auch Jeanne Louise Calment starb eines Tages, genauer gesagt am 4. August 1997. An diesen Rekord ist bislang noch niemand herangekommen.

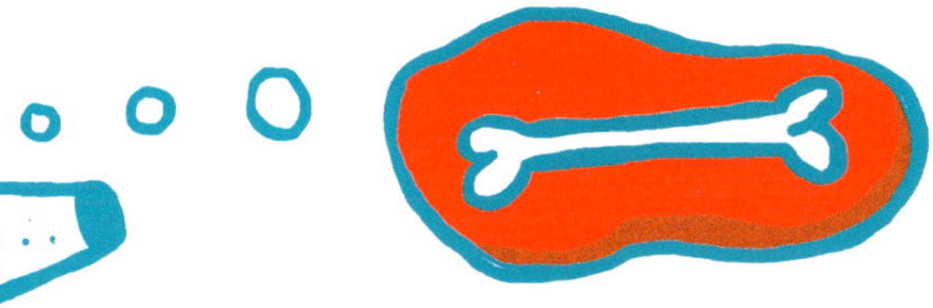

Forscher, die untersuchen, wie sich die Menschheit entwickelt hat, sagen: Ein wichtiges Merkmal, das den Menschen vom Tier unterscheidet, ist sein Wissen vom Tod. Wir haben es mit einem Urmenschen und nicht mehr mit einem Affen zu tun, wenn er Tote beerdigt, Gräber schmückt und versucht, Kontakt zu Gott aufzubauen. Daran kann man erkennen, dass er über seine Sterblichkeit nachdenkt.

Was bleibt, ist das Warum

Die meisten Menschen fürchten sich vor dem Tod. Die Vorstellung, dass sie irgendwann nicht mehr da sind, macht Angst. Der Tod ist der große Abschied vom Leben: von der Familie, den Freunden, in gewisser Weise sogar von den eigenen Erinnerungen und Erfahrungen.

Elisabeth Kübler-Ross ist eine Wissenschaftlerin, die das Sterben untersucht hat. Sie hat festgestellt, dass es bestimmte Gefühle und Vorstellungen gibt, die bei vielen Menschen vorkommen, wenn sie erfahren, dass sie bald sterben. Am Anfang wollen die meisten es gar nicht wahrhaben. Sie glauben, der Arzt habe sich vertan oder sie seien mit jemand anderem verwechselt worden. Dann entsteht

Wut und Verzweiflung. Denn niemand kann eine Antwort auf ihre Frage geben: „Warum muss gerade ich jetzt sterben?“ Viele versuchen, wichtige Dinge noch zu erleben, zum Beispiel die Geburt eines Enkelkindes. Oder sie wollen sich mit jemandem versöhnen, mit dem sie sich gestritten haben. Mit der Zeit verwandelt sich die Wut über den nahen Tod in Traurigkeit. Sterbende beginnen zu ahnen, wie schwer der Abschied vom Leben ist. Und sie spüren, dass man vor dem Tod nicht davonlaufen kann. Viele Menschen schaffen es am Ende, ihren Tod anzunehmen. Sie nehmen dankbar Abschied von ihrem Leben und von ihren Freunden. Der Zorn darüber, dass sie sterben müssen, ist vorüber.

Das ist aber längst nicht immer so. Nicht jeder kann sich auf seinen Tod vorbereiten. Manche werden getötet oder sterben bei einem Unfall. Viele sterben einsam und verzweifelt. Kinder sterben an Hunger oder im Krieg. Wenn jemand stirbt, ist eigentlich immer jemand traurig. Immer, wenn man über den Tod nachdenkt, bleibt diese Frage: Warum?

Wer kann helfen?

Immer wieder bricht der Tod in das Leben ein, nicht erst am Ende unseres eigenen Lebens. Er lässt sich nicht abschütteln. Wir erleben den Tod von anderen Menschen: wenn Großeltern sterben oder ein Unfall in unserem Ort passiert. Wenn jemand in unserer Familie sehr krank wird, ist die Angst vor dem Tod mitten im Leben da.

Gläubige Menschen haben zwar auch keine eindeutige Antwort auf die Frage, warum wir sterben müssen, aber sie haben die Hoffnung, dass der Tod nicht das letzte Wort hat, dass Gott die Kraft hat, die Toten zum Leben zu erwecken. Sie wenden sich mit ihren Fragen und Sorgen an Gott. Martin Luther hat das vor fast 500 Jahren so ausgedrückt:

Wer einmal darüber nachgedacht hat, dass er selbst irgendwann sterben wird, wird sein Leben mit anderen Augen sehen: Jeder Tag wird wichtig und kostbar. Nichts geschieht zweimal genau gleich. Würden wir nicht irgendwann einmal sterben, könnten wir alles auf morgen verschieben. Es wäre nicht so schlimm, wenn wir einen versprochenen Besuch doch nicht machten. Wir könnten ihn ja irgendwann nachholen. Ob morgen oder in 37 oder in 112 Jahren wäre ganz egal. Weil wir wissen, dass wir jederzeit sterben können, wird alles wichtig. Nichts lässt sich auf ewig verschieben. Es kann plötzlich zu spät sein, etwas zu tun, was man immer vor sich hergeschoben hat. Schon heute können diese Gedanken helfen, ein gutes Leben zu führen und aufmerksam zu sein für Schönes und Trauriges.

WARUM GIBT ES VERSCHIEDENE RELIGIONEN?

Die meisten Menschen auf der Welt gehören einer Religion an. Sie teilen den Glauben einer Gemeinschaft und haben ähnliche Gewohnheiten: Zum Beispiel beten sie zu bestimmten Tageszeiten oder vor dem Essen. Oder in ihrer Wohnung gibt es religiöse Symbole, etwa ein Kreuz an der Wand. Manchmal kann man die Angehörigen einer Religion an der Kleidung erkennen: Viele jüdische Jungen und Männer tragen ein kleines Käppchen auf dem Kopf. Mitglieder einer Glaubensgemeinschaft feiern die gleichen Feste: Ostern etwa oder das Fest am Ende des Fastenmonats Ramadan. Und in jeder Religion gibt es bestimmte Rituale: für eine Hochzeit oder Beerdigung oder wenn jemand neu in die Glaubensgemeinschaft aufgenommen werden will. Nicht allen Menschen ist der Glaube gleich wichtig. Manchmal ändert sich im Leben auch die Einstellung zur Religion. Denn der Glaube ist etwas sehr Persönliches. Wie sich der einzelne Mensch entwickelt und verändert, so kann auch der Glaube wachsen oder schwinden.

Religionen prägen unser Leben

Viele Länder auf der Welt sind durch die Religionen geprägt, die bei ihnen am stärksten vertreten sind. Europa ist durch das Christentum geprägt. Deshalb sind die meisten europäischen Feiertage Feste der christlichen Religion: Weihnachten, Ostern, Pfingsten und noch viele andere Feiertage. Dass am Sonntag die Geschäfte zu sind und viele Menschen frei haben, hängt damit zusammen, dass der Sonntag für Christen ein besonderer Tag ist. In islamisch geprägten Ländern ist der Freitag ein Feiertag. Er ist für Muslime ein besonderer Tag. In Israel ist der Samstag ein Feiertag, weil dieser Tag im Judentum ganz wichtig ist. In Nord- und Südamerika, Europa und Australien sind die meisten Menschen Christen. In Indien gibt es viele Hindus und in China viele Buddhisten. In den arabischen Ländern und in Nordafrika leben vor allem Muslime. Und überall prägen diese Religionen auch den Alltag der Menschen, selbst wenn diese gar nicht gläubig sind oder einer anderen Religion angehören.

Fragen über Fragen

Aber warum gibt es überhaupt Religion? Wenn man die verschiedenen Religionen miteinander vergleicht, kann man feststellen: Sie alle geben Antworten auf Fragen, die die Menschen bewegen: Woher komme ich? Warum müssen wir sterben? Was passiert nach dem Tod? Gibt es Gott? Wie kann mein Leben gelingen? Was ist wichtig für unser Zusammenleben? Werden irgendwann die Opfer von Gewalt und Unrecht recht bekommen? Wo finden Trauernde Trost? Diese Fragen beschäftigen die Menschen schon seit Jahrtausenden. Vermutlich gehören sie zum Menschsein dazu. Die Antworten der Religionen auf diese Fragen sind zwar recht unterschiedlich, aber offensichtlich hilft eine Religion, Antworten auf sie zu finden.

Info: Judentum, Christentum und Islam glauben eigentlich an denselben Gott, allerdings haben sie unterschiedliche Vorstellungen von ihm. Die Juden sind davon überzeugt, dass Gott sie in der Geschichte begleitet und dass er das Volk Israel als „sein Volk" ausgewählt hat. In der Bibel sind diese Erfahrungen des Volkes Israel niedergeschrieben. Die Christen glauben, dass Gott selbst auf die Erde gekommen ist: in seinem Sohn Jesus Christus; dass man an Jesus sehen kann, wie Gott ist; dass er der Retter der ganzen Welt ist. Die Muslime sind davon überzeugt, dass der Prophet Mohammed von Gott gesandt wurde, um Gottes Botschaft zu verkünden. Sie glauben, dass diese Botschaft im Koran aufgeschrieben ist. Der Koran ist die Heilige Schrift der Muslime.

Gott im Gehirn?

Einige Gehirnforscher haben Experimente mit der Religion gemacht. Sie vermuteten, dass es in unserem Kopf ein Gebiet gibt, das für Religion zuständig ist. Sie haben Nonnen und Mönche untersucht, weil sie wissen wollten, was im Gehirn passiert, wenn jemand betet. Ein anderer Forscher hat einen Helm gebaut, der an das Gehirn Signale sendet. So hat man versucht, dem Gehirn eine religiöse Erfahrung vorzugaukeln. Der Forscher meinte: Wenn das klappt, ist das der Beweis, dass Religion nur ein Hirngespinst ist. In der Tat hat alles, was wir tun und denken, eine körperliche Seite. Es ist also nicht besonders verwunderlich, dass etwas im Gehirn passiert, wenn jemand betet. Wenn man diese Vorgänge kennt, kann man dem Gehirn natürlich auch umgekehrt einen Streich spielen. Man kann ja auch durch Medikamente bewirken, dass sich jemand traurig oder glücklich fühlt, auch wenn er dazu eigentlich keinen Grund hat. Ist deshalb Glück, das ohne Medizin entsteht, unwirklich? Existiert es nur in unserem Gehirn?

Was denkst du:
Können diese Experimente beweisen, dass Religion ein Hirngespinst ist? Welche Frage können sie beantworten?

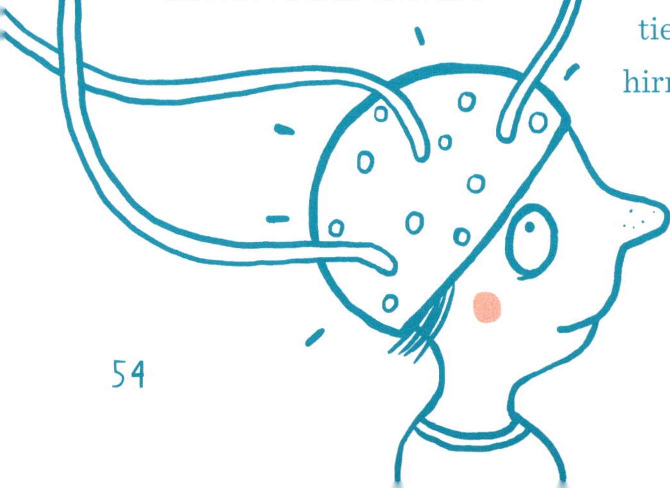

GIBT ES GOTT?

Über Gott wurden im Laufe der Geschichte Millionen Bücher geschrieben. Gott ist ein Thema, das die Menschen einfach nicht loslässt. Jeder kann über Gott nachdenken, und viele tun das auch. Irgendwann fragt sich wohl jeder: Warum gibt es mich? Woher kommen wir, und was wird sein, wenn wir gestorben sind? Warum gibt es Glück und warum Unglück? Wieso ist die Welt so, wie sie ist? Wer hat die Sterne am Himmel gezählt?

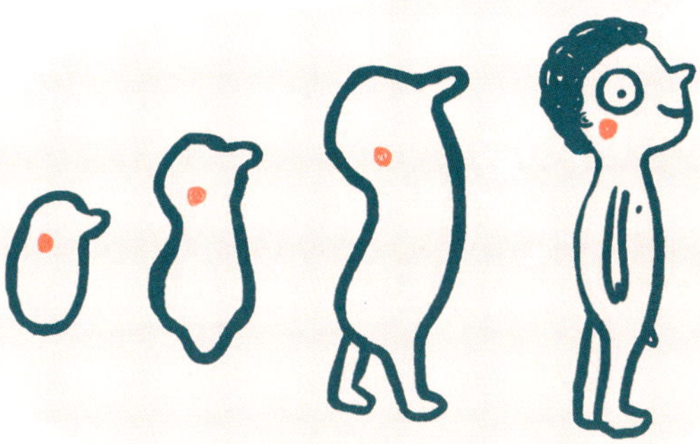

Ist Gott nur ein Gedanke …?

Ein berühmter Forscher, Ludwig Feuerbach, vermutete, dass Gott ein Gedanke ist, der aus unseren Wünschen und Vorstellungen entsteht: aus dem, was uns besonders wichtig ist. Wir können nicht ohne Liebe leben. Also denken wir uns, dass Gott die Liebe ist oder dass die Liebe göttlich ist. Sigmund Freud war ein berühmter Arzt. Er hat viel über die Seele nachgedacht und darüber, was sich in unserem Inneren abspielt: über Angst, Freude, Wut und über unsere Sehnsucht, geliebt zu werden. Er meinte, dass wir die Erfahrungen, die wir als Kinder mit unseren Eltern machen, auf Gott übertragen. Dass wir denken: So wie unsere Eltern für uns sorgen, so sorgt auch Gott für uns. Und wenn ein Kind keinen Vater oder keine Mutter hat, wäre Gott so etwas wie ein geträumter Ersatz für die Eltern. Die beiden Forscher folgerten daraus: Gott gibt es nicht in Wirklichkeit. Es gibt ihn nur in unseren Gedanken und Wünschen. Weil wir einen Gott brauchen, denken wir ihn uns aus.

Ist Gott also nur ein Gedanke? Dann taugt er nicht viel: Ein Gedanke in meinem Kopf kann nicht für uns sorgen. Und es wäre verrückt anzunehmen, dass mein eigener Gedanke die Welt erschaffen hat oder die Toten auferweckt. Fast alle Menschen quer durch die Geschichte haben aber Gott als Gedanken in ihrem Kopf. Bedeutet das nun, dass es ihn in Wirklichkeit gibt? Sonst wäre doch im Menschen ein Fehler eingebaut: Er hätte eine Sehnsucht, die er nicht vergessen kann, die aber nie erfüllt würde. Er wäre wie jemand, der schrecklichen Durst hat, aber in einer Welt ohne Wasser lebt. Eine furchtbare Vorstellung. Wer hat recht? Bedeutet der Gedanke von Gott in unserem Kopf, dass es Gott gibt oder dass es ihn nicht gibt? Kann man nicht einfach beweisen, ob es Gott gibt oder nicht?

Was ein Gottesbeweis kann – und was nicht

Der beste Beweis, dass es etwas wirklich gibt, ist ein Foto. Was man sehen oder fotografieren kann, ist ganz bestimmt echt. Manche Forscher, die mit Fernrohren ins All schauen oder mit einem Mikroskop klitzekleine Dinge sehen können, sind enttäuscht. Sie meinen: Wenn man Gott nicht sehen oder fotografieren kann, gibt es ihn nicht. Johannes, einer der Schriftsteller der Bibel, sah das anders. Auch er sagte: „Niemand hat Gott je gesehen“ (Joh 1,18). Trotzdem war er sicher, dass es Gott gibt.

Die Forscher, die in der Geschichte „Gottesbeweise“ aufgestellt haben, suchen Gott nicht mit einem Fernrohr. Sie wissen, dass Gott unsichtbar ist und man ihn anders suchen muss als mit den Augen. Deshalb sind auch ihre Beweise anders. Meistens entstehen sie, weil Menschen über etwas staunen. Zum Beispiel darüber, dass die Welt so gut geordnet ist. Darüber, dass man sich auf ihre Regeln verlassen und Experimente durchführen kann. Ohne Regeln ginge das nicht: Wenn Wasser an einem Tag bei 53 Grad kocht und an einem anderen Tag bei 100 Grad und eine Woche später bei 126 Grad, taugt es nicht für ein Experiment. Es wäre unberechenbar. Ein Forscher, der Wasser untersuchen will, muss sich darauf verlassen können, dass es immer bei 100 Grad kocht. Er braucht verlässliche Regeln. Viele, die über die Ordnung der Welt staunen, vermuten: Eine solche Ordnung ist nicht zufällig entstanden. Irgendjemand hat die Welt so fantastisch geordnet. Ein echter Beweis dafür, dass es Gott gibt, ist das natürlich nicht. Nur eine Vermutung, die gute Gründe hat. Die meisten Forscher, die „Gottesbeweise“ entwickeln, sind gläubige Menschen. Sie sind in ihrem Herzen davon überzeugt, dass es Gott gibt. Sie wollen nicht erst beweisen, dass es Gott gibt, und dann auf ihn vertrauen, sondern sie versuchen, besser zu verstehen, was sie schon von Gott erfahren haben. Sie wollen mit ihrem „Beweis“ zeigen: Was sie mit dem Herzen glauben und was sie mit dem Kopf denken, passt gut zusammen.

Glaubst du, dass es Gott gibt? Wie würdest du beweisen, dass du recht hast? Oder falls du nicht an Gott glaubst: Wie würdest du beweisen, dass es ihn nicht gibt?

Gott und das Böse

Aber nicht alles passt gut zusammen. Die Welt ist voller Katastrophen. Menschen sterben im Krieg, an Hunger oder bei einem Autounfall. Viel zu viele Menschen sind krank, einsam oder traurig. Spricht das nicht alles dagegen, dass es Gott gibt? Wenn es ihn gibt, müsste er doch alles können und gut sein. Also müsste er dafür sorgen, dass alle glücklich sind.

Info: Solche Gedanken hat sich der Philosoph Epikur schon vor 2300 Jahren gemacht: Entweder will Gott das Böse beseitigen und kann es nicht: Dann ist Gott schwach, was auf ihn nicht zutrifft. Oder er kann es und will es nicht: Dann ist Gott gemein, was nicht zu ihm passt. Oder er will es nicht und kann es nicht: Dann ist er schwach und gemein zugleich, also nicht Gott. Oder er will es und kann es, was für Gott eigentlich zutreffen müsste. Aber woher kommt dann das Schlimme, und warum nimmt er es nicht weg?

Viele Menschen würden gern an einen guten Gott glauben, aber sie können es nicht, weil sie so viel Schlimmes erleben. Andere meinen, dass der Glaube an Gott davon ablenkt, das Böse zu bekämpfen. Statt sich für das Gute einzusetzen, würde man in einer Traumwelt leben und die anderen schuften lassen. Wieder andere sind davon überzeugt, dass es Gott gibt. Auch sie verstehen nicht, warum es so viel Leid gibt. Deshalb wollen sie Gottes Antwort auf ihre Fragen wissen.

Wie lange noch, Herr,
vergisst du mich?
Wie lange noch verbirgst du
dein Gesicht vor mir?
Wie lange noch muss ich in
meiner Seele Schmerzen ertragen
und jeden Tag in meinem Herzen Kummer?
Wie lange darf mein Feind noch
über mich triumphieren?
Sieh doch her, erhöre mich,
Herr, mein Gott! ...

Ich verlasse mich auf dich,
mein Herz soll sich über deine Hilfe freuen.
Singen will ich dem Herrn,
weil er mir Gutes getan hat.

Aus der Bibel, Psalm 13

GIBT ES EIN SCHICKSAL?

Glück gehabt

Was wäre gewesen, wenn Papa damals vor vielen Jahren seinen Schirm nicht dabeigehabt hätte? Es war ein stürmischer Donnerstagabend im November, als er von der Arbeit kam. Später als sonst, denn sein Chef hatte ihm einen Auftrag gegeben, der unbedingt am selben Tag erledigt werden musste. Der Himmel hing voller Wolken. Als er auf die Straßenbahnhaltestelle zuging, fing es an zu regnen, als hätte jemand einen Eimer voll Wasser über ihn ausgeschüttet. Zum Glück hatte er morgens einen Schirm mitgenommen. Die junge Frau auf der anderen Seite hatte zwar auch einen Schirm dabei, aber als ein Windstoß kam und er kaputtging, hatte sie nicht mehr viel davon.

Sie war eine temperamentvolle Frau, und man konnte nicht sicher sagen, ob sie schimpfte oder lachte, als ihr der Regen in den Nacken kroch und den Rücken herunterlief. Sie schüttelte sich, und es sah aus, als überlegte sie, einfach wegzulaufen vor der Kälte und dem Regen. Papa war fasziniert von dieser Frau. Er sah sie an und brauchte Minuten, bis er auf die Idee kam, zu ihr zu gehen und sie mit unter seinen Schirm zu nehmen. „Na, darauf hätten Sie auch eher kommen können, jetzt bin ich schon nass bis zur Zehenspitze", sagte die Frau. „Stimmt", sagte Papa. Sie sahen sich an und lachten. So sehr, dass sie gar nicht merkten, dass die Straßenbahn kam und ohne sie weiterfuhr.

Diese Frau war Mama. Eigentlich war sie nicht Mama, sondern eine nasse, lachende, fremde Frau an der Straßenbahnhaltestelle. Und Papa war auch noch nicht Papa, sondern ein junger Mann, der von der Arbeit kam. Mama und Papa wurden sie erst später. Was wäre gewesen, wenn Papa damals an diesem Donnerstagabend im November nicht länger gearbeitet hätte oder seinen Schirm vergessen hätte? Wenn er nicht diese Frau getroffen hätte, die nasse Zehenspitzen hatte und die Straßenbahn abfahren ließ, weil sie mit einem fremden Mann unter seinem Regenschirm lachte? Was wäre gewesen, wenn es an diesem Tag nicht geregnet hätte?

Info: Der Philosoph Aristoteles hat schon vor mehr als 2300 Jahren über den Zufall nachgedacht. Er hat ihn so erklärt: Zufall nennt man etwas dann, wenn es unbeabsichtigt die Ursache für etwas anderes wird.

Purer Zufall

Eigentlich hatte Papa den Schirm mitgenommen, um nicht nass zu werden. Letztlich war dies aber der Grund, dass er Mama getroffen hat. Das konnte er wirklich nicht ahnen. Er hatte den Schirm nicht eingepackt, um seine Frau kennenzulernen. Und es ist ziemlich unwahrscheinlich, dass es bei jemand anderem auch klappt: ein Schirm der Grund dafür ist, sich zu verlieben.

Ist es also purer Zufall, dass die beiden sich kennengelernt haben? Dann wäre es auch purer Zufall, dass es dich überhaupt gibt, oder?

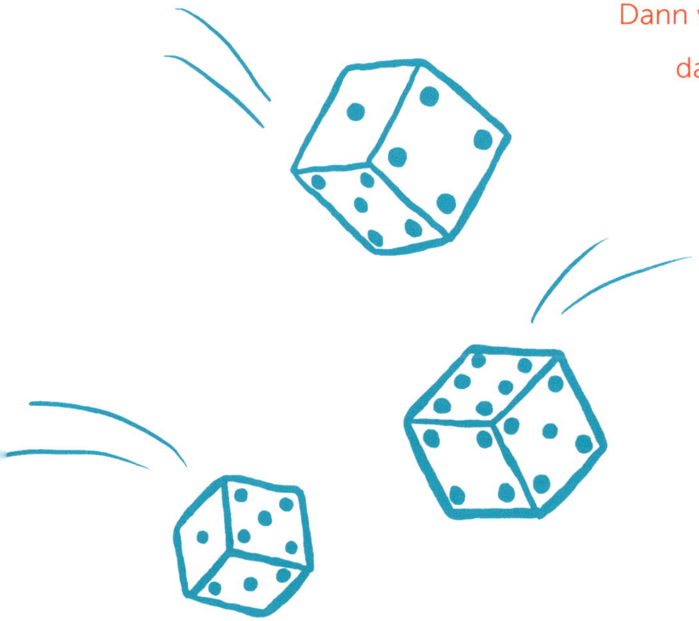

Danke sagen

Info: Angeblich hat Aristoteles aber auch diesen Satz gesagt: „Das Größte und Schönste dem Zufall zuzuschreiben, wäre gar zu leichtfertig."

Papa ist dankbar dafür, dass es damals geregnet hat und er diese Frau getroffen hat. Viele Menschen kennen dieses Gefühl der Dankbarkeit: wenn sie einen Freund gefunden oder eine schlimme Krankheit überstanden haben. Dankbar kann man schon für ganz kleine Dinge sein: für Sonnenschein oder für ein Eis oder einen schönen Nachmittag. Viele ältere Menschen blicken mit Dankbarkeit auf ihr Leben zurück, auch wenn es alles andere als leicht war. Doch wem dankt man? Dem Zufall kann man eigentlich nicht Danke sagen, denn er hätte ja auch das Gegenteil bewirken können. Gläubige Menschen richten ihren Dank an Gott. Sie glauben, dass ihr Leben nicht zufällig verläuft, sondern Gott sie begleitet. Das gibt ihnen Mut und Zuversicht, auch schwere Zeiten zu bewältigen.

Vorhersagen und Prophezeiungen

Ein griechisches Theaterstück erzählt von Ödipus, dessen Schicksal es war, seinen Vater zu töten und seine Mutter zu heiraten. So hatte es ein Orakel vorausgesagt. Natürlich tat Ödipus alles, damit diese schreckliche Prophezeiung nicht eintraf. Doch der Zufall wollte es, dass der Mann, den er in einem Kampf tötete, sein Vater war. Und die Frau, die er heiratete, seine Mutter. War es Zufall, dass genau das passierte, was das Orakel prophezeit hatte? Oder musste es so kommen?

Manche Wissenschaftler sprechen von einer Prophezeiung, die sich selbst erfüllt. Zum Beispiel dann, wenn ein Junge schon vor der Mathearbeit ganz sicher ist, dass er eine Fünf bekommen wird. Diese Einstellung kann bewirken, dass er unaufmerksam rechnet und sein Kopf statt mit Mathe nur mit dunklen Gedanken gefüllt ist. Obwohl er kein schlechter Schüler ist, geht die Mathearbeit daneben. Aber das hätte nicht so kommen müssen. Es war nicht vorherbestimmt. Mit etwas Zuversicht und Selbstvertrauen hätte er vielleicht besser gerechnet und eine Drei bekommen.

Was denkst du: Sind wir frei, oder ist das, was wir tun, längst beschlossene Sache? Weiß Gott heute, was wir morgen denken? Wäre das schlimm?

WOHER KOMMT DAS BÖSE?

Nachrichtensprecher sind arm dran. Das meiste von dem, was sie den Menschen berichten, ist schlimm. Ein furchtbares Erdbeben in China lässt in wenigen Stunden Tausende Menschen sterben. In Afrika verhungern jedes Jahr rund 5 Millionen Kinder. Das ist fast so viel wie die Hälfte aller Kinder, die in Deutschland leben. In vielen Ländern herrscht Krieg. Menschen kämpfen gegeneinander, oft sogar Nachbarn. Sogar die Feiern zum Gedenktag eines schönen Ereignisses, zum Beispiel der Befreiung eines Gefangenenlagers der Nazis, erinnern an unvorstellbares Grauen.

Stell dir einmal vor, die Nachrichtensprecherin würde während der gesamten Sendezeit nur von schönen Dingen berichten: Die Bäume und Blumen haben angefangen zu blühen. Die Vögel singen. Die alte Frau Heinzelmann hat Besuch von ihren Enkelkindern bekommen. Darauf hatte sie sich lange gefreut. Familie Buchmann hat einen schönen Tag verbracht. In Deutschland gibt es seit über 60 Jahren keinen Krieg mehr. An jedem Tag werden bei uns 1850 Kinder geboren, die ihre Eltern unendlich glücklich machen. Ob sich viele Menschen solche Nachrichten anhören wollten? Das Schöne scheint nicht der Rede wert zu sein. Ein Tag, an dem alles glattging, kommt uns normal vor. Erst wenn etwas danebenging, werden wir aufmerksam, sind wütend oder traurig. Was nicht gut ist, stört. Ist das nicht seltsam? Normal ist für uns das Schöne, nicht das Traurige, obwohl es so viel Schlimmes gibt. Was bedeutet das?

Nicht gut oder böse?

Vor 1600 Jahren hat der afrikanische Gelehrte Augustinus versucht zu erklären, was das Böse eigentlich ist. Für ihn war das Böse das Fehlen des Guten. Thomas von Aquin, ein Denker, der ungefähr 850 Jahre später lebte, gab ein Beispiel dafür: Wenn jemand blind ist, fehlt ihm das Augenlicht. Seine Blindheit ist keine zusätzliche Begabung, sondern ein Mangel. Etwas Gutes, das da sein sollte, fehlt: das Sehenkönnen. Und es ist schlecht, dass es fehlt. Diese beiden Forscher wollten damit nicht sagen, dass das Böse nicht so schlimm sei. Sie wussten, dass das Böse furchtbar und mächtig ist. Es ist wie ein dunkler Schatten, der zwar das Licht wegnimmt, den man aber nicht greifen kann. Er stört die Ordnung der Welt und macht sie kaputt. So gesehen fehlt nicht nur etwas, sondern etwas ist da, was nicht da sein soll. Augustinus und Thomas waren gläubige Menschen. Sie waren davon überzeugt, dass Gott gut ist und das Böse nicht von ihm kommt. Sie waren sicher: Gott will es nicht. Es ist ihm nicht egal. Gott ist größer und mächtiger als das Böse. Sie dachten, dass das Böse aus dem freien Willen des Menschen kommt: Dass der Mensch absichtlich gemein ist, ohne dass er es müsste.

Schade – furchtbar – gemein

Krieg ist schlimm. Gemeinheit ist böse. Wenn ein Kind an einer Krankheit stirbt, ist das furchtbar. Alles soll nicht so sein, und bei allem fehlt etwas Gutes: Frieden, Freundschaft, Gesundheit. Ist also alles gleich schlimm?

Gottfried Wilhelm Leibniz, ein berühmter Gelehrter aus Leipzig, hat drei verschiedene Formen des Bösen benannt: Die erste ist, dass die Welt nicht perfekt ist. Wir Menschen sind keine Alleskönner. Wir sind hin- und hergerissen zwischen zwei Dingen, zum Beispiel zwischen Hausaufgaben und Spielen. Wenn wir wütend sind, ist es schwierig, freundlich zu sein. Wären wir vollkommen, gäbe es keine halben Sachen. Was denkst du: Ist es schlimm, dass wir nicht perfekt sind? Die zweite Form des Bösen ist ziemlich eindeutig schlimm: Krankheiten, Erdbeben, Überschwemmungen, Hungersnöte. Dass es sie gibt, ist furchtbar. Leibniz meinte: Diese Dinge hängen damit zusammen, dass sogar die beste Welt, die man sich ausdenken kann, bestimmten Regeln folgen muss. Allerdings wissen wir, dass wir Menschen an vielen Katastrophen mitschuldig sind: Die Giftstoffe, die die Autos und Fabriken in die Luft blasen, verändern das Wetter.

Wo fängt das Böse an? Ist es genauso schlimm, einander zu ärgern wie Krieg zu führen? Ist eine Krankheit böse oder furchtbar? Ist Schadenfreude böse?

Lebensmittel werden ungerecht verteilt. Hungersnöte könnten verhindert werden. Die dritte Sorte ist das Böse, das Menschen einander antun: etwas, was nicht einfach so passiert, sondern weil jemand es will. Es hat mit der Freiheit des Menschen zu tun. Wer frei ist, kann absichtlich gemein und ungerecht sein oder ehrlich und freundlich. Diese Sorte des Bösen ist weit verbreitet.

Schon vor fast 2600 Jahren sagte der weise Bias von Priene:

„Die meisten Menschen sind schlecht."

Eine Sache der Einstellung?

Kranke Tiere sterben. Tierarten, die sich nicht gut genug an anderes Wetter oder andere Nahrung anpassen können, sterben aus. Ganz allgemein gilt: Wer sich durchsetzt, gewinnt. Wer das nicht tut, ist selbst schuld. Bestimmt kennst du jemanden in deiner Klasse, der schüchtern ist und nichts hat, mit dem er angeben könnte. Er ist ein Außenseiter. Etwas Egoismus scheint wichtig zu sein. Streit bei Kindern und Krieg unter Erwachsenen gehören wohl zum Leben dazu. Aber stimmt das? Gehört das Böse zum Leben dazu? Ist es gar nicht in Wirklichkeit böse, sondern nur in unseren Gedanken? Viele denken so.

Was denkst du? Kannst du dich mit den Katastrophen abfinden, von denen der Nachrichtensprecher berichtet? Was davon ist böse, was traurig, was schade? Was könnte man ändern? Was ist mit einer Katze, die eine Maus fängt und mit ihr spielt, bis sie tot ist? Ist ein Krokodil böse, wenn es einen Forscher angreift und auffrisst? Was ist mit Läusen, die durch unsere Haare wuseln und beißen und fürchterlich jucken?

WAS IST EIN SCHLECHTES GEWISSEN?

Du hast sicher einen Mitschüler, der sehr beliebt ist. Was er sagt, gilt. Stell dir vor, er behauptet, dein Freund hätte ihm Geld geklaut. Du weißt aber, dass dein Freund kein Dieb ist, und kannst das sogar beweisen. Du hast drei Möglichkeiten: Entweder du sagst: „Das ist nicht wahr. Mein Freund klaut nicht." Du würdest die Wahrheit sagen und vor allen anderen zu deinem Freund halten. Allerdings müsstest du auch ganz schön mutig sein. Oder du sagst gar nichts. Du lügst zwar nicht, aber du stellst die Lüge deines Mitschülers auch nicht richtig. Dein Freund bleibt in den Augen der anderen ein Dieb, obwohl du weißt, dass das nicht stimmt. Oder du sagst: „Das hätte ich nicht von ihm gedacht. Ich will nichts mehr mit ihm zu tun haben." Damit würdest du selbst lügen und deinen Freund verraten. Was würdest du tun? Wie würdest du dich fühlen, wenn du gar nichts sagst, weil du Angst hast, dass dich die anderen doof finden?

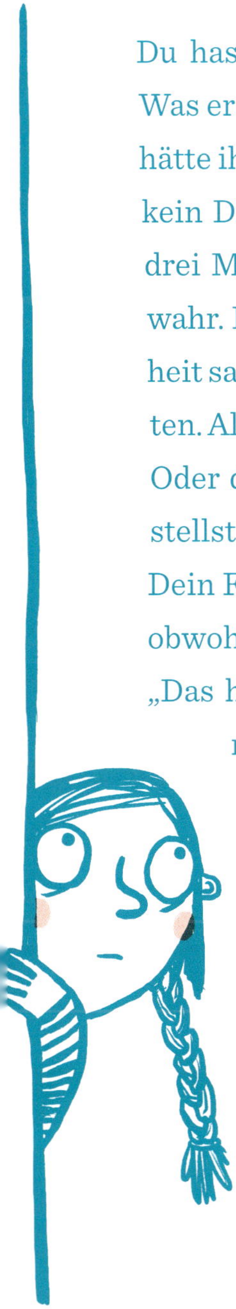

Gutes Gewissen – schlechtes Gewissen

Wenn du die erste Möglichkeit wählst, wirst du dich später vermutlich gut fühlen und denken: „Es war zwar nicht einfach, zu meinem Freund zu halten, aber es war richtig." So fühlt sich ein gutes Gewissen an. Bei der zweiten und erst recht bei der dritten Möglichkeit kann es sein, dass du nachher denkst: „Das war nicht richtig. Ich hätte sagen müssen, dass mein Freund kein Dieb ist. Hätte ich das doch gemacht!" Vielleicht schämst du dich, deinem Freund in die Augen zu sehen. So fühlt sich ein schlechtes Gewissen an. Das Gewissen ist etwas in uns, das prüft, ob eine Entscheidung richtig ist. Zugleich ist es eine Art inneres Warnlicht, das angeht, wenn wir etwas Falsches tun oder tun wollen. Oft ist das Gewissen allerdings etwas langsamer als unsere Handlungen, und wir erkennen erst später, dass wir etwas falsch gemacht haben.

Hat das Gewissen immer recht?

Wir Menschen sind frei. Wir können eigene Entscheidungen treffen und müssen für diese Entscheidungen Verantwortung übernehmen. Deshalb muss man tun, was das eigene Gewissen sagt. Aber ob es wirklich immer das Richtige rät, hängt davon ab, ob es gut trainiert ist oder nicht. Denn das Gewissen ist nicht einfach fertig da, sondern es entwickelt sich. Ein kleines Kind muss erst lernen, was richtig und was falsch ist. Es muss auch lernen, selbst über solche Fragen nachzudenken. Je besser es versteht, warum etwas richtig oder falsch ist, desto besser funktioniert auch sein Gewissen. Umgekehrt genauso: Je weniger ein Erwachsener über sein Verhalten nachdenkt und darüber, was richtig und falsch ist, desto schlechter arbeitet sein Gewissen. Wie ein Sportler seine Muskeln trainiert, so muss man sein Gewissen trainieren, sonst wird es träge und dumm.

Keine Lust, frei zu sein?

Immanuel Kant war ein berühmter Philosoph, der vor über 200 Jahren gelebt hat. Für ihn zeigte sich am Gewissen und an der Vernunft, dass der Mensch frei ist: dass er keine Marionette des Schicksals und kein Sklave der Mächtigen ist, sondern selbst Verantwortung für sein Verhalten übernehmen muss. Er sagte: Frei zu sein bedeutet, selbst über Richtig und Falsch nachzudenken und eigene Entscheidungen zu treffen – und sich in diesen Entscheidungen an das zu halten, was man als richtig erkannt hat. Auch dann, wenn man dazu mal keine Lust hat oder wenn die anderen einen deshalb doof finden. Wer etwas nur deshalb tut, weil ein anderer es von ihm erwartet, ist für Kant nicht frei. Er schiebt die Verantwortung für die eigenen Entscheidungen ab an andere, die sagen, was zu tun ist. Freiheit bedeutet für Kant allerdings auch nicht, jeden Tag etwas anderes tun zu können, je nachdem, wozu man gerade Lust hat. Zum Beispiel heute früh ins Freibad zu gehen anstatt in die Schule und morgen auf den Fußballplatz. Kant meint: Wer nur tut, wozu er gerade Lust hat, ist auch nicht frei, sondern ein Sklave seiner Gefühle und seiner Faulheit. Die Schule zu schwänzen wäre für Kant nur dann in Ordnung, wenn man mit guten Gründen und gutem Gewissen sagen könnte: „Ich finde, dass es grundsätzlich und für alle Kinder dieser Welt jeden Tag am besten wäre, nicht in die Schule zu gehen." Wenn man das nicht so allgemein sagen kann, sollte man besser um 8 Uhr in der Schule sein.

Wer ist das Über-Ich?

Vor etwa 80 Jahren hat sich Sigmund Freud, ein berühmter Arzt, gefragt, wie unser Gewissen entsteht. Er nannte es „Über-Ich" und meinte: Das Gewissen ist wie ein Gesetz, das in unserem Kopf sitzt und über uns regiert. Es bewahrt die Regeln auf, die wir von Eltern und Lehrern gelernt haben. Ein kleines Kind verhält sich so, wie seine Eltern es wünschen. Es übernimmt ihre Vorstellungen, die allmählich zu seinen eigenen Vorstellungen werden. Was die Eltern richtig finden, findet das Kind dann auch richtig. Sein Gewissen übernimmt ihre Regeln und stellt sie über das eigene Leben.

Eltern und Erzieher geben nach Freud also nicht nur von außen Regeln vor, sondern ihre Regeln gelangen in unser Gewissen hinein. Im Über-Ich kontrollieren sie auch in uns selbst das, was wir tun oder tun wollen. Was denkst du: Warum zum Beispiel gilt die Regel, dass man die Wahrheit sagen soll? Weil wir selbst einsehen können, dass es falsch ist zu lügen? Oder weil unsere Eltern oder jemand anders das möchte? Ist das Gewissen bloß ein Speicher, der die Regeln unserer Umgebung aufbewahrt?

IST DAS GERECHT?

Vor etwa 200 Jahren veränderte sich das Leben vieler Menschen stark. Neue Maschinen wurden erfunden, die den Menschen die Arbeit abnahmen. Was vorher in mühsamer Handarbeit gebaut werden musste, konnte jetzt in großer Zahl am Fließband hergestellt werden. Dadurch veränderte sich die Gesellschaft: Wer zu Hause einen kleinen Handwerksbetrieb hatte, konnte von seinem Verdienst seine Familie oft nicht mehr ernähren. Denn die Fabriken produzierten ihre Waren schneller und billiger. Dabei beuteten die Fabrikbesitzer die Arbeiter aus: Für einen winzigen Lohn schufteten Kinder und Erwachsene oft von morgens 5 Uhr bis tief in die Nacht. Urlaub oder ein freies Wochenende gab es nicht. Wer krank war oder zu spät kam, wurde entlassen. Es gab noch keine Gesetze, die zur Situation der Arbeit in dieser Zeit gepasst hätten. Das erste Gesetz gegen Kinderarbeit, das 1833 in England eingeführt wurde, verbot nicht generell, dass Kinder arbeiten. Es sagte nur: Kinder dürfen nachts gar nicht und tagsüber nicht länger als zwölf Stunden arbeiten. Kinder unter neun dürfen nicht mehr in Webereien eingesetzt werden. Trotz des großen Fortschritts ging es immer mehr Menschen schlecht, manche waren so arm, dass sie Hunger leiden mussten. Gleichzeitig wurden die Fabrikbesitzer immer reicher.

Wem gehört die Welt?

Was muss man tun, damit alle gut und sicher leben können und damit es gerecht zugeht? Müssen alle gleich viel arbeiten und denselben Lohn bekommen? Oder sollte man das Geld komplett abschaffen und Essen und Kleidung direkt verteilen? Aber wer darf dann verteilen? Die Regierung?

In vielen Ländern hat man so etwas probiert: zum Beispiel in der Sowjetunion, in der DDR, in Rumänien und heute noch in China und auf Kuba. Man hat zwar nicht das Geld abgeschafft, aber man hat Gebäude, Felder, Werkzeuge, Maschinen, Straßen und Eisenbahnen unter staatliche Kontrolle gebracht: Niemand durfte sie für sich allein beanspruchen. Weil alle sie brauchen, sollten sie nicht nur wenigen Mächtigen gehören, sondern dem ganzen Volk. So wollte man garantieren, dass alle genug zum Leben erhalten und der Reichtum des Landes gerecht verteilt wird.

Dieses Experiment ist eigentlich immer gescheitert. Was vom Reichtum eines Landes übrig blieb, landete in den Händen der Regierung, die bald alles kontrollierte, sogar die Gedanken der Menschen.

Stell dir einmal vier Geschwister vor: Jakob ist 17 Jahre alt und schon ziemlich groß. Er macht eine Ausbildung zum Schreiner und hat eine anstrengende Arbeit. Leonie ist 14. Sie war lange im Krankenhaus, ist noch ziemlich schlapp und muss sich erholen. Claudius ist zwölf Jahre alt. Er spielt gern Fußball und ist im letzten Jahr 7 cm gewachsen. Katrin ist vier. Sie geht in den Kindergarten und kann Fußball nicht leiden. Sollten beim Mittagessen alle gleich viel Nudeln bekommen? Wie sieht es beim Nachtisch aus? Und wäre es gerecht, wenn alle Geschwister im Fußballverein wären oder Klavierunterricht bekämen? Was wäre, wenn Katrin keine Lust hätte, Klavier spielen zu lernen? Wie ist es mit dem Taschengeld? Müssen alle dasselbe bekommen, damit es gerecht zugeht?

Etwas tun oder etwas bekommen?

Eine alte Definition von Gerechtigkeit lautet: „Jedem das Seine. Jeder das Seine.“ Sie geht bis auf Platon zurück. Er lebte vor 2400 Jahren. Die Definition gibt eine doppelte Antwort auf die Frage, was eigentlich Gerechtigkeit ist.

Der eine Teil der Antwort bezieht sich darauf, was der Einzelne braucht. Das ist in vielen Dingen ganz unterschiedlich. Wenn ein Junge gern Fußball spielt, ist er im Fußballverein besser aufgehoben als im Ballettunterricht. Jemand, der im Rollstuhl sitzt, braucht mehr Unterstützung. Es nützt ihm nichts, dass er wie alle anderen die Straßenbahn benutzen darf, wenn aber keine Rampe da ist. So soll also „jedem das Seine" gegeben werden, das er oder sie braucht.

Der andere Teil der Antwort bezieht sich darauf, was der Einzelne für die Gemeinschaft tun kann: für die Familie, die Schulklasse und die ganze Gesellschaft. Jeder hat besondere Fähigkeiten und Begabungen. Der Beitrag einer Ärztin ist anders als der eines Erdkundelehrers. Der Lehrer wäre als Arzt keine große Hilfe für die Gemeinschaft. Aber in der Schule kann er seine Fähigkeiten gut einbringen. Jeder soll also „das Seine" geben, das er wirklich kann.

Info: Als in Deutschland die Nazis regierten, haben sie furchtbare Gefangenenlager errichtet, in denen sie Millionen Menschen umgebracht haben. Sie schrieben den Satz „Jedem das Seine" in Buchenwald an das Tor eines solchen Lagers. Damit haben sie ihn völlig auf den Kopf gestellt und die Gefangenen furchtbar verhöhnt. Was eigentlich Gerechtigkeit ausdrücken soll, wurde hier zu einem Satz der Verachtung und der schlimmsten Ungerechtigkeit. Die Nazis nahmen den Gefangenen alles, was sie als Menschen nötig hatten: Gesundheit und Nahrung, ihre Würde und Einmaligkeit, ihre Rechte, ihre Freiheit und am Ende ihr Leben.

WARUM GIBT ES GESETZE?

Spielregeln und Gesetze

Wer beim Kartenspiel schummelt, spielt unfair. Es macht keinen Spaß zu spielen, wenn sich einer nicht an die Regeln hält. Das Spiel funktioniert nicht mehr. Wer sich im Straßenverkehr nicht an die Regeln hält, bringt sich und andere sogar in Gefahr. Nicht alle Regeln, an die sich Menschen halten, sind irgendwo aufgeschrieben: Einander zu begrüßen und „Bitte“ und „Danke“ zu sagen sind zum Beispiel solche Regeln. Dem anderen höflich zu begegnen ist ein Zeichen der Wertschätzung. Ganz allgemein helfen Regeln, damit Menschen gut miteinander auskommen und niemand unfair behandelt wird. Sie machen das Leben überschaubar und sicherer. Sie helfen, dass alle die gleichen Chancen bekommen. Gesetze sind Regeln, die aufgeschrieben sind und für die Bürger eines Landes gelten. Sie legen fest, was verboten ist und welche Strafe man bekommt, wenn man gegen eine Regel verstößt. Sie regeln, wie Verträge abgeschlossen werden müssen und was man zu beachten hat, wenn man Chef einer großen Firma ist. Sie legen fest, wie vor Gericht ein Streit ausgetragen wird und wie viel Geld jemand bekommt, der arbeitslos oder krank ist.

Im Namen des Volkes

Wir leben in Deutschland in einer Demokratie. Dieses Wort bedeutet: Herrschaft des Volkes. Weil so viele zum Volk gehören und man nicht jede Frage mit allen beraten kann, wählen die deutschen Bürger alle vier Jahre ihre politischen Vertreter. Diese bilden das Parlament. Hier werden Gesetze beraten und beschlossen. Die Behörden, vor allem die Polizei, aber auch das Finanzamt und die Stadtverwaltungen, sind dafür zuständig, dass die Gesetze auch eingehalten werden. Wenn der Verdacht besteht, dass Gesetze übertreten werden, schreiten sie ein. Sie überprüfen den Verdacht und sammeln Beweise. Und wenn es zur Anklage kommt und ein Urteil gesprochen werden muss, sind die Gerichte an der Reihe. Die Richter sprechen das Urteil im Namen der höchsten Macht des Staates: im Namen des Volkes. Sie sind wie die Polizisten an die Gesetze gebunden, die in Deutschland gelten. Ein Richter verkündet in seinem Urteil also nicht seine private Meinung, sondern er spricht Recht, wie es im Gesetz steht.

Menschenrechte und Kinderrechte

Das Parlament kann allerdings nicht einfach beschließen, was es will. Alle Gesetze, die in unserem Land erlassen werden, müssen mit den Menschenrechten übereinstimmen. Sie sind die Basis dafür, dass Menschen in Frieden und Gerechtigkeit miteinander leben können. So steht es im Grundgesetz der Bundesrepublik Deutschland. Menschenrechte sind Rechte, die jeder Mensch hat – und zwar allein deshalb, weil er Mensch ist: ganz egal, ob er arm ist oder reich, krank oder gesund, klug oder dumm, jung oder alt. Sie gelten überall. Denn jeder Mensch hat eine besondere Würde, die ihm niemand nehmen darf. Er ist frei. Er darf denken und sagen und glauben, was er will. Er muss fair behandelt werden. Man darf ihn nicht foltern oder töten – nicht einmal dann, wenn er selbst jemanden umgebracht hat.

Alle Menschen sind frei und gleich an Würde und Rechten geboren. Sie sind mit Vernunft und Gewissen begabt und sollen einander im Geist der Brüderlichkeit begegnen.

Artikel 1 der Allgemeinen Erklärung der Menschenrechte

Es gibt auch spezielle Kinderrechte. Die Vereinten Nationen haben diese Rechte festgehalten: zum Beispiel das Recht, einen Namen zu bekommen und Kontakt zu den eigenen Eltern zu haben. Kinder haben ein Recht darauf, sicher zu leben und gut versorgt zu werden. Sie haben ein Recht auf eine Schulausbildung und auf Freizeit. Kein Erwachsener darf ein Kind quälen oder als Soldat in den Krieg schicken.

Fast alle Staaten sagen, dass sie die Kinderrechte akzeptieren. Trotzdem werden auch heute noch Millionen Kinder ausgebeutet, vor allem in den armen Ländern der Erde. Sie müssen schwer arbeiten, haben kein Dach über dem Kopf und nicht genug zu essen.

WORT ODER WIRKLICHKEIT, SCHEIN ODER SEIN?

Das Reich der Sprache

Wie wichtig die Sprache ist, merken wir meist erst dann, wenn sie fehlt: zum Beispiel wenn wir Halsweh haben und so heiser sind, dass wir kein Wort herausbringen. Oder wenn der Zahnarzt uns die Backe betäubt hat und die Zunge gleich mit, dann ist es ziemlich schwierig zu reden. Oder wenn wir Urlaub in einem fremden Land machen, aber die Sprache der Menschen dort nicht verstehen. Dann müssen Hände und Füße dazu herhalten, dass wir uns verständlich machen können. Manchmal könnten wir zwar sprechen, aber es fehlen die Worte: bei einer traurigen Nachricht oder wenn etwas Schreckliches passiert ist. Hast du schon einmal darauf geachtet, was die Sprache alles kann? Wir erzählen einander, wie es uns geht, was heute passiert ist und wie wir uns dabei gefühlt haben. Wir geben Informationen weiter und organisieren unsere Arbeit. Das wäre mit Zeichen oder Gesten viel schwieriger.

Beobachte einmal, wie unterschiedlich wir unsere Sprache einsetzen: Mit wem sprichst du über was? Was sagst du zum Beispiel zu deiner Mutter, wenn du aus der Schule kommst? Worüber redest du mit deinem besten Freund? Wie sprichst du mit einem Lehrer? Wie mit einem Erwachsenen, den du nicht gut kennst? Was erzählst du ihm und was nicht? Wie lange redest du mit ihm und wie lange mit deinem Vater?

Tannen, Eichen und Pflaumenbäume

Was hat ein Pflaumenbaum mit einer Tanne gemeinsam? Und beide zusammen mit einer Eiche? Warum nennen wir Pflaumenbaum, Tanne und Eiche auf gleiche Weise „Baum", obwohl sie so unterschiedlich aussehen? Ein Pflanzenforscher antwortet auf diese Frage, indem er Merkmale aufzählt, die alle drei Bäume gemeinsam haben: einen Stamm, verzweigte Äste, Nadeln bzw. Blätter, Samen. Ein Philosoph geht anders an die Frage heran. Er will herausfinden, ob ein Baum aus sich heraus ein Baum ist oder ob er nur ein Baum ist, weil wir ihn so nennen. Wäre ein Baum auch ein Baum, wenn wir ihn anders nennen würden? Oder ist es umgekehrt: Denken wir Menschen uns den Begriff „Baum" aus, den wir dann auf Dinge anwenden, die eigentlich nichts miteinander zu tun haben? Was wäre, wenn ein kleines Kind den falschen Begriff lernt und statt „Baum“ immer „Buch“ sagt? Und was wäre, wenn wir alle Bäume dieser Erde fällen würden: Gibt es dann noch den Baum? In unserer Sprache bestimmt – die Holzfäller arbeiten ja im Wald und nicht in unserem Kopf. Aber ergibt das Wort „Baum“ ohne einen einzigen Baum noch Sinn?

Solche Gedankenspiele kannst du selbst weiterführen: Schau dich in deiner Umgebung um und frage dich, warum die Dinge ihre Namen haben. Ist eine Kiste, auf die ich mich setze, keine Kiste mehr, sondern eine Sitzbank? Was unterscheidet ein Sofa von einem Bett? Warum heißt ein Tisch Tisch? Und was passiert, wenn du ohne Vorwarnung einen Tag lang Wörter vertauschst? Also zum Tisch Stuhl sagst oder zu deinem Vater Mama und umgekehrt.

Sprachwelten

In den meisten Ländern gibt es eine Landessprache. In Deutschland sprechen die meisten deutsch, auch der Schulunterricht wird in dieser Sprache abgehalten. Innerhalb derselben Sprache gibt es eine Fülle von Sondersprachen. Denn die Sprache ist sehr beweglich – sie passt sich besonderen Gelegenheiten an und sogar denen, die sie sprechen: Die Reden auf einer goldenen Hochzeit sind anders als die bei einem Sportfest. Beim Fußballspiel gibt es Begriffe wie Elfmeter oder Abseits, die im Schachclub nicht verwendet werden. In jeder Wissenschaft gibt es Wörter, die man wie Vokabeln lernen muss. Wenn sich Forscher treffen und Vorträge halten, sprechen sie zwar deutsch, aber sie benutzen zugleich eine Fachsprache. Wer sich damit nicht auskennt, versteht bei einem solchen Vortrag nicht viel. „Fachchinesisch“ sagen manche dazu.

Manche Forscher, die sich mit der Sprache und den Gedanken der Menschen beschäftigen, streiten darüber, was zuerst kommt: der Gedanke oder das Wort. Sie fragen: Kann man ohne Worte denken? Ist die Sprache, in der wir aufwachsen, wie eine grüne Brille, durch die wir alles hellgrün oder dunkelgrün sehen? Prägt sie unser Gehirn so vor, dass wir gar nicht in der Lage sind, Dinge wahrzunehmen, die nicht in diese Begriffswelt passen? Können wir Dinge denken, für die es kein Wort gibt?

Und wenn man sagt, dass zwei Menschen aneinander vorbeireden, meint man: Sie sprechen zwar die gleiche Sprache, aber sie verstehen sich nicht, weil ihre Gedanken und die Wörter, die sie benutzen, verschiedene Dinge betreffen. Worte können nicht nur unverständlich scin – sie können auch verletzen, aufhetzen und einengen. Wer sich Beschimpfungen wie „Angeber!“ oder „Verlierer!“ anhören musste, weiß, wie schlimm sich das anfühlt. Sprache kann also auch bestimmen, wie wir uns fühlen. Manche Forscher sagen: Wenn jemand immer wieder gesagt bekommt, dass er ein Verlierer ist, glaubt er es irgendwann selbst und fühlt sich auch als Verlierer. Deshalb sagen sie, dass wir mit unserer Sprache sogar die Wirklichkeit verändern und mitbestimmen können.

Unbekannte Welten

Das Besondere am Menschen ist, dass er sich eine ganze Welt denken kann. Er kann die Welt ganz anders sehen, als sie ist. Er kann sich vorstellen, wie es wäre, ein anderer zu sein oder vor 100 Jahren zu leben. Im Spiel kann er ein Löwe sein oder ein König. In seiner Fantasie kann er klein werden wie ein Streichholz und fliegen wie ein Adler. In Gedanken kann er alles auf den Kopf stellen und unbekannte Welten entdecken. Aber nicht nur in Gedanken:

Wenn ein Künstler ein Bild malt oder eine Skulptur schafft, gibt er seinen Gedanken und Vorstellungen eine Gestalt. Ein Dichter kann uns mit Worten ganz neue Welten zeigen. Ein Schriftsteller kann in einer Erzählung Erlebnisse und Träume einer Person schildern, die es in Wirklichkeit gar nicht gibt. Ein Musiker gibt mit Klängen einer Welt Ausdruck, die man nicht sehen kann. Manchmal geschieht es, dass ein Gedicht, ein Bild oder ein Konzert auf eigentümliche Weise unser Herz berührt. Hast du das schon einmal erlebt? Es ist schwierig auszudrücken, was das eigentlich für ein Gefühl ist. Vielleicht fühlt es sich auch bei jedem etwas anders an. Manche empfinden Glück, andere Trost oder das Gefühl, dass in diesem Moment alles stimmt. Bilder, Gedichte, Erzählungen und Klänge sprechen eine besondere Sprache. Sie zeigen uns eine besondere Welt. Ist diese Welt wirklich? Haben die Künstler eine neue Welt erschaffen? Oder helfen sie durch ihre Farben und Klänge einer unbekannten Welt, zum Vorschein zu kommen?

RICHTIG ODER FALSCH?

18 + 37 = 55, oder? Zugegeben, im Kopf ist das nicht so ganz leicht auszurechnen. Was wäre, wenn du in der Mathearbeit schreibst: 18 + 37 = 21? Wenn dir dein Mathelehrer deshalb eine schlechte Note gibt, könntest du ja protestieren und sagen: „Man wird doch noch eine andere Meinung haben dürfen. Schließlich haben wir Meinungsfreiheit!“ Vermutlich würde er antworten: „Klar kannst du anderer Meinung sein. Aber das ändert in diesem Fall nichts. Deine Rechnung ist einfach falsch.“

Was ein Marsmännchen immer schon wissen wollte

Was hat es mit der Wahrheit und verschiedenen Meinungen auf sich? Der Philosoph Robert Spaemann hat viel darüber nachgedacht und ein einfaches Beispiel gefunden: Hier auf der Erde gibt es ganz unterschiedliche Ansichten darüber, ob es Marsmännchen gibt oder nicht. Höchstwahrscheinlich gibt es sie nicht, aber wer weiß das schon? Aber wie wäre es umgekehrt? Wenn sich zwei Marsmännchen darüber streiten, ob es im Weltall außer ihnen noch andere Lebewesen gibt, können sie genau wie wir hier auf der Erde unterschiedlicher Meinung sein. Das Marsmännchen mit den hellgrünen Punkten denkt: „Wir sind die einzigen Lebewesen im Universum." Das mit den dunkelgrünen Streifen sagt: „Nein, bestimmt gibt es woanders auch welche." Wir Menschen auf der Erde könnten die Frage aber eindeutig beantworten. Wir wissen: Das gepunktete Marsmännchen hat unrecht. Denn uns Menschen gibt es! Das kann den beiden Marsmännchen ziemlich egal sein. Das Männchen mit den hellgrünen Punkten darf seine Meinung behalten – zumindest so lange, bis das gestreifte Marsmännchen Post von der Erde bekommt, die beweist, dass es uns Menschen gibt. Dann wird es erkennen, dass seine Meinung falsch war. Aber: Seine Meinung war auch vorher schon falsch – und zwar von Anfang an. Die Wahrheit darüber, dass es uns gibt, ist unabhängig von der Meinung der Marsmännchen.

Stell dir einmal folgende Situation vor: Ein Mitschüler kommt neu in die Klasse. Er spricht nicht gut Deutsch und trägt seltsame Kleidung. Er ist nett, aber irgendwie anders. Es gibt eine Klassenversammlung. Der Klassensprecher lässt darüber abstimmen, ob der Neue eine Chance bekommt. Er ist dagegen, denn er mag ihn nicht. Niemand soll mit ihm sprechen, ihm bei den Hausaufgaben helfen oder in der Pause mit ihm spielen. Die Abstimmung fällt eindeutig aus: Alle schließen sich der Meinung des Klassensprechers an. Solche Situationen kommen häufiger vor, als du vielleicht vermutest. Zwar nicht unbedingt mit einer echten Abstimmung, aber das Ergebnis gibt es ziemlich oft – in der Schule, in der Nachbarschaft, in der Firma, in der Politik. Darf man so etwas beschließen? Immerhin sind alle derselben Meinung. Was denkst du? Wenn alle einer Meinung sind – haben sie dann automatisch recht? Wenn nicht – warum nicht?

Kann man Wahrheit erfinden?

Im Jahr 1876 hat zum ersten Mal ein Arzt beim Tod seines Patienten einen Herzinfarkt festgestellt. Das ist noch keine 150 Jahre her. Vorher wusste kein Mensch, dass es so etwas gibt. Sind deshalb keine Menschen daran gestorben? Wenn noch keiner weiß, dass es eine solche Erkrankung gibt, stirbt ganz offiziell ja auch keiner daran. Heute wissen wir es besser – und wenn wir in alten Texten lesen, dass ein Mensch einfach so tot umgefallen ist, vermuten wir, dass sein Herz versagt hat. Die Menschen damals hatten jedoch andere Vermutungen. Wer hat also nun recht?

Oder nehmen wir ein anderes Beispiel: Die amerikanische Unabhängigkeitserklärung von 1776 spricht davon, dass alle Menschen die gleichen Rechte haben. 1789 formuliert die französische Nationalversammlung die Erklärung der Menschen- und Bürgerrechte. 1948, also vor ungefähr 75 Jahren, haben die Vereinten Nationen in Paris die Allgemeine Erklärung der Menschenrechte aufgeschrieben. Viele Staaten der Welt haben diese Erklärung in ihr Grundgesetz übernommen. Aber seit wann gelten die Menschenrechte? Seit 1948 oder 1789 oder 1776? Oder schon immer?

Ist alles gleich richtig?

In vielen wichtigen Fragen sind die Menschen unterschiedlicher Meinung: Darf man für Geld alles tun? Sind Tierversuche erlaubt? Welche Unterstützung brauchen Familien? Was müssen wir tun, um in Frieden miteinander zu leben? Darf man einen schwer kranken Menschen töten, um ihm Leid zu ersparen? Darf man Krieg führen? Gibt es Gott? Welche Religion ist die richtige? Wann beginnt der Mensch, ein Mensch zu sein? Haben Frauen und Männer die gleichen Rechte? Darf man aufhören, über Gut und Böse, Richtig und Falsch nachzudenken? Worin sollte eine Gesellschaft übereinstimmen? Welche Fragen muss jeder für sich klären? Viele meinen: Jeder ist für sich selbst verantwortlich und darf denken, was er will. Es gibt kein Richtig und Falsch, sondern nur verschiedene Meinungen, die alle gleich richtig sind. Man darf keinem hineinreden in seine Überzeugung. Wenn wir in Frieden zusammenleben wollen, müssen wir einander so lassen, wie wir sind.

Andere denken: Einander zu respektieren heißt nicht, jede Meinung gut zu finden. Nicht jede Antwort ist richtig, und nicht alles ist Privatsache. Wenigstens in den Fragen, die alle etwas angehen, müssen wir gemeinsam eine Antwort herausfinden: indem wir miteinander sprechen und einander zuhören, um möglichst viele Seiten des Problems zu erkennen und zu lösen. Was denkst du?

* 1918
† 2007
in Liebe

WAS KOMMT NACH DEM TOD?

Der Mensch ist das einzige Lebewesen, das von seinem Tod weiß. In allen Ländern, Religionen und Kulturen gibt es bestimmte Formen, wie man mit dem Tod umgeht: wie man sich vom Gestorbenen verabschiedet, wie man seinen toten Körper behandelt und wie die Beerdigung gestaltet wird. Oft halten Angehörige eine Totenwache: Sie kommen zum Gestorbenen und sitzen bei ihm. Sie versuchen zu verstehen, dass ein Mensch, den sie lieb hatten, nie mehr mit ihnen sprechen wird. Sie verabschieden sich von ihm. Manche beten. Bei uns wird der Körper eines Verstorbenen in einen Sarg gelegt, der auf dem Friedhof in einem Grab in der Erde beigesetzt wird. Oder der tote Körper wird verbrannt. Dann wird die Asche in eine Urne gelegt und beerdigt. Es gibt auch die Möglichkeit, die Asche eines Verstorbenen in einem Wald oder auf dem Meer beizusetzen. Bei der Beerdigung denken die Menschen an den Gestorbenen. Sie versuchen, Trost zu finden. Oft begleitet ein Pfarrer die Trauernden und leitet die Beerdigung. Am Grab eines Verstorbenen wird ein Gedenkstein aufgestellt oder ein Schild angebracht, auf dem sein Name steht. Damit wird ausgedrückt: Er soll nicht vergessen werden. Sein Leben war einmalig und kostbar.

Wann ist man tot?

Aus biologischer Sicht ist jemand dann tot, wenn alle Funktionen des Körpers endgültig ausgefallen sind. Das geschieht nicht plötzlich. Wenn jemand stirbt, stellen die Organe nach und nach ihre Arbeit ein: das Herz, das den Körper mit Blut versorgt, das Gehirn und die anderen Organe. Der Tod des Gehirns gilt nach dem Gesetz als Tod des Menschen. Denn von diesem Zeitpunkt an gibt es kein Zurück mehr ins Leben, auch wenn manche der anderen Organe noch eine kurze Zeit arbeiten. Einige Zeit nach dem Eintritt des Todes kühlt der Körper ab und wird starr. Ein bis zwei Tage nach dem Tod löst sich die Starre wieder.

Info: Der Schriftsteller Bertold Brecht hat vor über 50 Jahren einmal gesagt: „Der Mensch ist erst dann wirklich tot, wenn niemand mehr an ihn denkt." Damit meinte er: Solange sich jemand an einen Gestorbenen erinnert, gibt es diesen noch – nämlich in der Erinnerung eines Lebenden. Hier hat er eine Spur hinterlassen.

In der Erinnerung sind uns die Menschen, die wir als Lebende kannten, wieder nah. Aber kann unsere Erinnerung allein die Toten bewahren? Lebt ein Toter schon deshalb, weil jemand an ihn denkt? Und was ist, wenn sich niemand mehr an einen Gestorbenen erinnert? Was ist mit den vielen Toten, die im Laufe der Geschichte vergessen wurden?

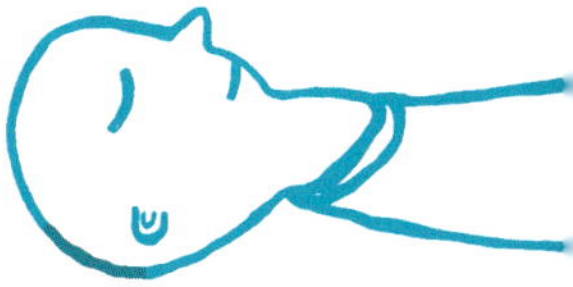

Körper, Leib und Seele

Wenn ein Mensch gestorben ist, wirkt sein Körper anders als im Leben. Nicht die allerkleinste Regung ist mehr zu spüren. Völlig bewegungslos liegt er da. Die Augen nehmen nichts mehr wahr. Das Gesicht ist zu einer Maske erstarrt. Man spürt, dass die Person fort ist, obwohl ihr Körper noch da ist. Was ist geschehen?

Aus einem lebendigen Leib ist ein toter Körper geworden. Dieser tote Körper ist bereits eine Erinnerung an den Menschen, den wir lebendig gekannt und geliebt haben. Das, was das Wort „Seele“ meint, also die Persönlichkeit, das Leben, die Besonderheit dieses Menschen, all das ist fort. Die Seele wird allerdings ganz unterschiedlich gedeutet. Für die einen ist die Seele eine Funktion des Gehirns, zum Beispiel das Selbstbewusstsein. In dieser Deutung stirbt die Seele mit dem Körper. Andere meinen: Körper und

Seele sind zwei verschiedene Dinge. Daher ist es möglich, dass mit dem Tod des Körpers nicht alles vorbei ist – dass die Seele des Menschen weiterlebt.

Gibt es ein Leben nach dem Tod?

Bei gläubigen Juden und Muslimen ist es üblich, einem Sterbenden das zentrale Bekenntnis seines Glaubens mit auf den Weg zu geben. Die Juden beten: „Höre Israel! Der Ewige, unser Gott, der Ewige ist einzig!" Die Muslime sprechen ihre Bekenntnisformel: „Es gibt keinen Gott außer Gott, und Mohammed ist sein Gesandter." Es ist das Letzte, was einem Sterbenden im Ohr und auf den Lippen sein soll. Denn im Tod kommt das Leben zum Abschluss. Der Sterbende soll es im Glauben beenden. Und er soll mit der Hoffnung auf Gott in den Tod gehen. Denn gläubige Menschen sind davon überzeugt, dass das Leben nicht mit dem Tod zu Ende ist. Ihre heiligen Schriften und ihre Gebete sprechen von der Hoffnung auf ein Leben bei Gott. Sie geben der Hoffnung Ausdruck, dass Gott uns aus dem Tod retten kann, dass bei ihm Gerechtigkeit, Frieden und Freude herrschen. Einen eindeutigen Beweis für ein Leben nach dem Tod gibt der Glaube nicht. Doch es gibt auch keinen Beweis für das Gegenteil

dieser Hoffnung, also für die Überzeugung, dass mit dem Tod des Körpers alles aus ist.

Muss man über den Tod nachdenken?

Info: Der Philosoph Epikur fand das nicht. Er sagte vor über 2300 Jahren: „Der Tod hat keine Bedeutung für uns. Denn solange wir da sind, ist der Tod noch nicht da. Wenn aber der Tod da ist, dann sind wir nicht mehr da."

Für gläubige Christen ist der Gedanke an den Tod in jedem Gottesdienst da. Allerdings grübeln sie darin nicht mit traurigen Gesichtern über den Tod nach. Der Gedanke an den Tod ist für sie vielmehr mit einer großartigen Hoffnung verbunden. Denn sie glauben: Jesus Christus hat die Macht des Todes gebrochen. Wer an ihn glaubt, bekommt Anteil am ewigen Leben. Die Toten werden auferstehen. Alles Leid wird ein Ende haben. Wir werden unsere Verstorbenen wiedersehen und mit ihnen bei Gott leben. Im Gottesdienst feiern die Christen die Auferstehung Jesu Christi: die Gabe des neuen Lebens bei Gott, das keinen Tod mehr kennt. Dafür danken sie Gott und beten ihn an.

WIE LANGE DAUERT DIE EWIGKEIT?

15 Minuten können furchtbar lang dauern: Wenn sich Erwachsene unterhalten und einfach nicht fertig werden, obwohl sie doch versprochen haben, Eis essen zu gehen. Dann ist eine Viertelstunde eine ganze Ewigkeit. Wenn aber bald Schlafenszeit ist und du noch eine Viertelstunde aufbleiben darfst, gehen 15 Minuten viel zu schnell um. Und wenn man Fußball spielt oder im Schwimmbad tobt, ist eine Viertelstunde um wie im Nu. Da hilft es wenig zu wissen, dass eine Minute genau 60 Sekunden lang ist und eine Viertelstunde 900 Sekunden. Denn auch diese Sekunden dauern manchmal länger, manchmal kürzer. So scheint es jedenfalls.

Vergangenheit, Gegenwart und Zukunft

Jetzt, in diesem Moment, ist Gegenwart. Du liest einen Satz. Wenn du am Ende des Satzes angelangt bist, liest du nicht mehr. Dann ist der Satz Vergangenheit. Die Sätze, die du später lesen wirst, liegen für dein Gehirn noch in der

Zukunft. Die schnellste der drei Zeiten ist die Gegenwart, das „Jetzt“. Sie ist im Nu vorbei. Nur in einem winzig kleinen Augenblick scheint sie da zu sein. Doch wenn du über diesen Augenblick nachdenkst, ist er bereits in der Vergangenheit verschwunden. Was geschehen ist, ist geschehen. Daran lässt sich nichts mehr ändern. Die Vergangenheit ist wie ein riesengroßer Karton, in dem alles verschwindet, was früher einmal ein Augenblick war. Sie wird immer größer. Es kümmert sie nicht, ob die Augenblicke, die sie sammelt, schön oder traurig waren. Die Zukunft ist die große Unbekannte. Das Einzige, was wir über sie wissen, ist: Sie kommt bald – und auch sie wird einmal Gegenwart und Vergangenheit werden. Die schnellste der drei Zeiten, das „Jetzt“, ist irgendwie die einzige, die richtig da ist. Das „Jetzt“ können wir spüren. Das „Früher“ und das „Bald“ bleiben weit weg – es sei denn, wir holen sie in unser „Jetzt“ hinein: wenn wir uns erinnern oder Pläne für die nächsten Tage machen, wenn wir ein Geschichtsbuch lesen oder einen Termin in den Kalender eintragen. Dann ist das „Früher“ wieder „Jetzt“. Und sogar das „Bald“ wird für einen Moment zum „Jetzt“. Allerdings nur in unserem Kopf.

Zeit und Ewigkeit

Info: Augustinus war sowohl ein Gelehrter als auch Bischof, der vor 1600 Jahren lebte. Er fand, dass Zeit und Ewigkeit zu den schwierigsten Dingen überhaupt gehören. Er fragt: „Was ist Zeit? Wenn mich niemand danach fragt, weiß ich es. Wenn ich es jemandem erklären will, weiß ich es nicht."

Augustinus hat trotzdem eine Erklärung versucht. Er meint: Die Zeit ist für uns Menschen wie ein Fluss, der immer weiter in die gleiche Richtung fließt. Die Zukunft wandert für einen kurzen Moment in die Gegenwart, und dann ist sie schon Vergangenheit. Das „Jetzt" saust an uns vorbei, niemand kann es aufhalten oder aufbewahren. Die Richtung der Zeiten bleibt immer gleich. Die Vergangenheit wird nie noch einmal Zukunft werden. Wir können keine Zeitreise in die Vergangenheit machen. Augustinus sagte: Bei Gott ist das anders. Für ihn ist das „Früher" genauso nah wie das „Bald". Beides ist bei ihm „Jetzt": aber ein „Jetzt", das nie vergeht und auf das man nicht warten muss. Gott ist jedem Augenblick nah. Jeden von ihnen bewahrt er auf. Für ihn gibt es nur Ewigkeit. Ewigkeit ist also etwas anderes als eine unendlich lange Folge von Tagen. Ewigkeit ist das „Jetzt", das nicht verloren geht.

Was tat Gott, bevor er Himmel und Erde schuf?

Am Anfang der Bibel der Juden und Christen heißt es: „Am Anfang schuf Gott Himmel und Erde“ (Gen 1,1). Aber was hat er vorher gemacht? Auch diese Frage sollte Augustinus einmal beantworten. Bei seiner Antwort wird er ziemlich deutlich: Er findet bereits die Frage blödsinnig. Zeit, erklärt er, gibt es nur in der Welt. Denn nur hier verändert und bewegt sich etwas. Zeit hat mit Veränderung zu tun: Erst ist ein Mensch jung, später wird er alt. Eine Schnecke bewegt sich langsam, ein Tiger schnell. Wenn sie um die Wette laufen, braucht der Tiger viel weniger Zeit. Das kann man messen: zum Beispiel mit einer Stoppuhr oder indem man rechnet, wie alt ein Mensch ist. Wo sich nichts verändert und bewegt, kann man nichts messen. Wenn Gott noch nichts geschaffen hat, das sich verändern kann, gibt es noch keine Zeit, also auch kein „Früher“ oder „Vorher“. Gott hat also mit der Welt auch die Zeit erschaffen.

Ein Experiment mit der Unendlichkeit

Stell dir einmal vor, du hättest unendlich viele Perlen. Also nicht nur sehr, sehr viele, sondern unendlich viele. Du magst die Hälfte abgeben. Wie viel ist die Hälfte von unendlich?

Der Ring ist ein Symbol für die Unendlichkeit. Denn er hat keinen Anfang und kein Ende. Ein besonderer Ring ist das Möbius-Band. Der Mathematiker August Ferdinand Möbius hat es vor 150 Jahren erfunden. Dieses Band gibt verblüffende Antworten auf die Frage, wie viel die Hälfte von unendlich ist.

Du kannst es selbst basteln: Nimm dir einen langen Streifen Papier, der ungefähr so breit ist wie dein Finger. Zeichne mit dem Lineal der Länge nach einen Strich auf den Papierstreifen. Nun nimm ein Ende des Streifens in jede Hand. Die eine Hand dreht ihr Ende einmal so um, dass die Rückseite oben ist. Die andere Hand bleibt ruhig. So verdreht klebst du die beiden Enden mit Klebestreifen aneinander. Jetzt nimm dir eine Schere und schneide den Streifen entlang der Linie auseinander. Wie viele Ringe erhältst du? Noch besser wird es, wenn du am Anfang nicht nur eine Linie, sondern zwei oder drei einzeichnest und später aufschneidest. Was passiert? Wird Unendlichkeit weniger, wenn man sie teilt?

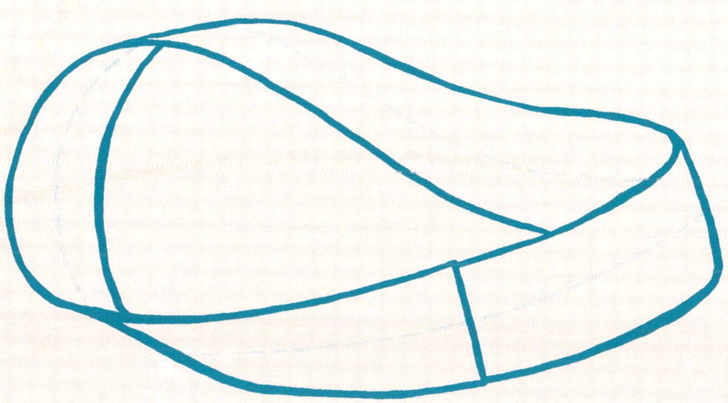